地方政府间支出竞争

对基本公共服务质量的影响研究

吴 岩◎著

企业管理出版社
EMPH
ENTERPRISE MANAGEMENT PUBLISHING HOUSE

图书在版编目（CIP）数据

地方政府间支出竞争对基本公共服务质量的影响研究 / 吴岩著 . —北京：企业管理出版社，2022.11

ISBN 978-7-5164-2684-5

Ⅰ. ①地… Ⅱ. ①吴… Ⅲ. ①地方财政－财政支出－影响－公共服务－质量管理体系－研究－中国 Ⅳ. ① F812.7 ② D669.3

中国版本图书馆 CIP 数据核字（2022）第 156294 号

书　　名：地方政府间支出竞争对基本公共服务质量的影响研究
书　　号：ISBN 978-7-5164-2684-5
作　　者：吴　岩
策　　划：侯春霞
责任编辑：侯春霞
出版发行：企业管理出版社
经　　销：新华书店
地　　址：北京市海淀区紫竹院南路 17 号　**邮编**：100048
网　　址：http://www.emph.cn　**电子信箱**：pingyaohouchunxia@163.com
电　　话：编辑部 18501123296　发行部（010）68701816
印　　刷：北京虎彩文化传播有限公司
版　　次：2022 年 10 月第 1 版
印　　次：2022 年 10 月第 1 次印刷
开　　本：710mm × 1000mm　1/16
印　　张：12.5 印张
字　　数：133 千字
定　　价：68.00 元

目　录

第1章 导论

1.1 研究背景

在全面深化改革的顶层设计框架下，财政是国家治理的基础和重要支柱，建立健全现代财政制度本身也是一个治理体系逐渐完善、治理能力逐渐增强的过程。财政支出作为公共产品或服务供给的主要资金来源，为政策的有效执行提供资金保证。在财政资源有限的前提下，支出的总量规模及结构划分对政府各项职能的履行效果具有非常重要的影响。从财政预算上看，财政支出结构反映了财政资源的配置和预算支出的结构划分，而预算过程和政策过程息息相关，因此，支出结构的改变反映了政府职能的转型和政策调整的方向。

当前我国社会主要矛盾的变化对财政治理体系的完善和能力的提升提出新的挑战和要求。财政的公共性决定了财政支出资源的配置需要以维护公共利益、解决社会矛盾为重要任务，从而化解可能存在的诸多公共风险。因此，伴随着经济社会的发展、新型城镇化的逐步推进，当社会的主要矛盾发生变化时，财政支出的配置安排也应做出相应的调整和改变以满足社会公共需要，从而解决当前各领域尤其是基本公共服务领域存在的发展不平衡、不充分的难题。

基于地方不同的资源禀赋与发展情境，在社会经济因素以及相关政策安排的影响下，各地方政府的财政支出结构呈现不同的特征，即不同的施政重点反映在支出结构上便会形成不同的财政支出偏好。当前，我国公共财政体系的主要任务正在发生从服务于国有企业的发展和国民经济的增长到提供基本公共服务的根本性转变。目前，关于基本公共服务的规划体系逐渐完善，中央政府对民生的重视程度不断上升。在我国财政支出的预算安排中，虽然目前民生性财政支出已经有了较快增长，但是基本公共服务供给不均衡、不充分的难题在当今倡导民生服务型财政的取向下仍然比较突出。由于传统发展理念的束缚、现有财税体制局限性的制约以及不同地域经济发展水平的差异，民生类基本公共服务（涉及广大群众关注的教育、医疗、社保和就业等领域）供给不充分、不均衡的难题依然存在，财政的民生属性亟待增强，财政的公共性亟待回归，需要通过精准施策不断提高保障和改善民生的水平，促进基本公共服务质量的提升。

目前，我国地方财政面临很大的挑战。经济新常态、营改增等财政政策的变化对地方税收收入增长产生影响，而基本公共服务各领域财政支出面临刚性增长的压力，因此，对于如何有效使用财政资源提出了更高的要求。具体来说，一方面，随着经济发展进入新常态，发展方式面临转型升级的重要任务，需要由粗放增长向集约增长转变；预算法的修订对现代财政制度的构建提出了更高的要求，政府间财政关系经历了进一步的调整和改革，营改增的全面落实给地方财政收入的增长带来一定冲击，在这些因素的综合作用下，地方政府在过渡时期面临缺乏主体税源的窘境。另一方面是地方财政支出的困境，在刚性支出增长的压力下，如何有效保证基本公共服务的供给是地方政府面临的关键问题。而且随着《全国主体功能区规划》的出台，限制和禁止开发区不可避免地要相对弱化经济发展的职能，产业准入负面清单制度的落实无疑也会促使该区范围内地方政府的财政更加趋紧，基本公共服务的供给能力也必然会受到影响。

因此，地方政府的财政行为如何选择对基本公共服务供给将会产生重要影响。在我国经济由高速增长向高质量发展转变的过程中，地方政府间财政竞争的方式也发生了变化。在生产建设型财政时期，地方政府倾向于通过提供税收优惠等方式来吸引外资，进而实现经济的短期快速增长。但是，这种方式不仅不可持续，还会导致当地经济的盲目畸形发展。随着税收优惠的竞争空间逐渐收窄，地方政府越来越依赖支出政策实施竞争行为。那么这种支出竞争行为是否存在？如果存在，在生产建设型财政向公共服务型财政转变的过程中扮演什么样的角色？对基本公共服务的供给产生促进作用还是阻碍作用？

1.2　研究意义

本书的研究主题为地方政府间支出竞争对基本公共服务质量的影响。在理论层面和实践层面，均具有较强的研究价值。

1.2.1 理论意义

一是增加对地方财政民生属性的关注。现有的研究大多关注国家治理体系和治理能力的现代化，而缺乏对地方财政治理体系的研究。地方财政治理体系的构建与服务型政府的建设密切相关，尽管宏观上把握职能导向很重要，但是任何政策都需要落到实处才能实现该政策的应有之义，因此地方财政政策的有效执行值得关注。本书试图从基本公共服务领域切入，聚焦于财政的民生属性和公共性，具体研究地方政府间支出竞争这一财政行为对基本公共服务质量产生的影响。

二是完善标尺竞争理论在中国的适用性研究。由于标尺竞争理论是基于信息外溢的角度对地方政府间的支出策略互动行为进行解释，因此本研究将进一步拓展我国标尺竞争机制的验证性分析。本书将地方政府的财政透明度作为解释变量纳入模型，试图证明财政支出策略互动行为背后的机制为标尺竞争，从而丰富现有研究中关于地方政府间的支出策略互动的解释。

1.2.2 实践意义

一是有利于规范地方政府间的竞争行为。地方政府竞争是分权体系的自然伴生物，由于辖区之间异质性的存在，因此竞争行为不可避免地会发生。但是，地方政府之间的竞争并不总是有益的，竞争行为的不规范或者过度竞争有可能导致重复建设、效率低下等消极影响。因此，对地方政府间竞争行为的研究有助于建立健全自上而下方向与自下而上方向相结合的标尺竞争机制，以及从长远来考虑竞争与合作机制构建的必要性，从而为规范地方政府行为提供学理依据。

二是为提升基本公共服务质量，解决基本公共服务发展不充分、不均衡的难题提供政策参考，从而更好地满足人民在教育、医疗、社保等方面日益增长的需要。公共服务供给体系的进一步完善，可以有效解决教育公平性难题，看病难、看病贵的顽疾，以及社保领域存在的发展问题。政府在财政资金安排中对公民的民生诉求还需多加关注，新形势下我国社会主要矛盾的转变、经济新常态下的供给侧结构性改革、人口老龄化与人口生育政策的调整等对基本公共服务质量的提升提出了更高的要求和更大的挑战。

1.3　研究方法与研究设计

1.3.1　研究方法

在研究地方政府间支出竞争对基本公共服务质量影响的过程中，具体采用的研究方法有以下几种。

（1）文献研究法。笔者通过数据库、网络、图书以及期刊查阅关于基本公共服务、财政支出、标尺竞争的文献或资料，考察国内外现有的关于基本公共服务质量、财政支出变化趋势、地方政府间竞争以及其对基本公共服务质量影响的研究，对已有的研究进行总结评述，并指出研究的局限性，从而明确本书的研究方向。

（2）理论分析法。本书通过理论分析的方法构建理论框架，试图以政治集权体制下建设民生财政为出发点，分析地方财政行为与基本公共服务供给之间的关系。具体分析路径为以地方政府间的支出竞争行为为切入点，基于标尺竞争的视角对地方政府之间基本公共服务支出策略互补的模仿性竞争行为进行解释。地方政府间支出竞争又通过直接的投入效应、规范效应以及间接的促进效率提升和推动供给创新等效应来对基本公共服务质量产生影响，如果呈现积极效应，那么便会进一步增强地方财政的民生属性，实现财政公共性的回归。

（3）熵值法。本书运用熵值法对基本公共服务质量进行测度和评估。在测度中尽量减少赋权过程中主观因素的干扰以及客观上存在的部分限制，有效解决多指标变量之间信息重叠的问题。具体方法是先将指标无量纲化，继而对各指标进行赋权，最后采取加权求和的方法对基本公共服务质量进行实证测度。

（4）变异系数法和跨年度聚类分析法。本书运用变异系数法和跨年度聚类分析法对省级基本公共服务财政支出的演变进行描述性分析。变异系数法可以对数据的收敛或者发散进行直接刻画，而聚类的集中度指数（CCI）跨年度分析可以探究数据聚类的变化情况，从而能够明确地方政府基本公共服务财政支出是否存在同质化和聚合化。

（5）空间杜宾模型。本书基于标尺竞争的角度对上述财政支出变化趋势分析的结果进行解释性分析，考察地方政府财政支出是否存在策略互动行为，辨别是策略互补还是策略替代，并加入财政透明度作为重要的解释变量，从而进一步对地方政府间的财政支出策略互动行为进行标尺竞争机制方面的验证。

（6）地理加权回归模型。本书运用该模型分析地方政府间支出竞争对基本公共服务质量的影响，并进行相关的空间异质性研究。现有的关于地方政府间支出竞争行为对基本公共服务质量影响的分析相对匮乏，运用空间计量经济学模型探究支出竞争的效应也存在一定的局限性。本书将省级政府间支出竞争拟合值纳入模型中，并考虑到空间地理位置的异质特点，利用地理加权回归模型来对省级政府间支出竞争的公共服务效应以及空间异质性进行探究。

1.3.2　研究设计

本研究的具体设计如图 1–1 所示。

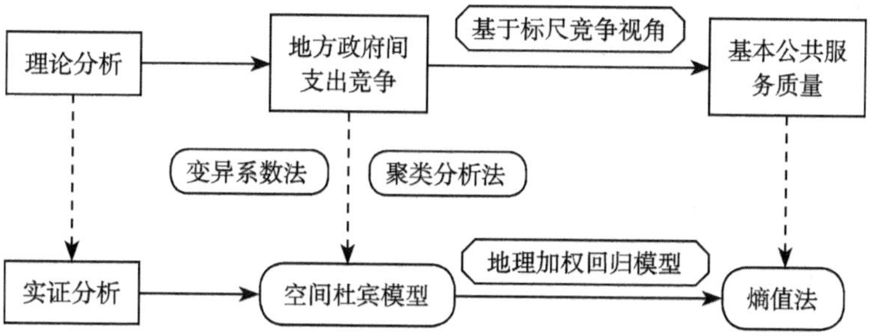

图 1–1　研究设计

1.4　研究内容与创新之处

1.4.1　研究内容

本书的研究问题是：地方政府间是否存在基本公共服务支出政策

的标尺竞争？如果存在，这种竞争对基本公共服务质量产生什么样的影响？为了解决所提出的研究问题，本书对研究内容安排如下。

第 1 章是导论。介绍本书的研究背景，明确研究地方政府间支出竞争对基本公共服务质量影响的理论意义和实践意义，阐述本书展开研究所采用的研究方法以及相应的研究设计，明确本书研究的技术路线，以及本书可能存在的创新之处。

第 2 章是文献综述。本章分别对有关基本公共服务、地方政府间竞争以及二者之间关系的文献进行梳理。其中，2.1 节针对基本公共服务的概念界定以及质量评估进行文献梳理，2.2 节针对地方政府间竞争的概念与类型、支出竞争以及标尺竞争进行文献梳理，2.3 节针对地方政府间竞争的影响以及税收竞争和支出竞争对基本公共服务的影响进行文献梳理，然后分别进行总结和述评，明确现有研究存在的局限性，以及本书可能填补的研究空白。

第 3 章是地方政府间支出竞争影响基本公共服务质量的路径分析。一是从地方财政与基本公共服务二者之间的关系出发，探讨地方财政的民生属性、公共性与基本公共服务供给之间的关系，指出政府职能的转变与服务型政府的建设需要基本公共服务的充分发展；二是从地方政府间竞争的角度探讨地方财政支出行为对基本公共服务质量的影响，指出在中央政府基本公共服务绩效考核下，如果地方政府间财政支出竞争行为对基本公共服务质量产生促进效应，那么便会反过来进一步增强地方财政的民生属性，实现财政公共性的回归。在此基础上，构建本书的理论框架，并在后续章节进行相应的实证分析。

第 4 章是我国地方政府基本公共服务供给与质量测度。其中，4.1 节阐述我国基本公共服务供给的发展历程，4.2 节阐述我国地方政府基本公共服务的供给概况，4.3 节运用熵值法对省级基本公共服务的质量进行实证测度和结果分析。

第 5 章是我国地方政府间财政支出竞争分析。其中，5.1 节介绍我国地方基本公共服务财政支出的总体概况，5.2 节运用变异系数法和跨年度聚类分析法对省级基本公共服务财政支出的演变进行描述性分析，5.3 节基于标尺竞争的视角，利用空间杜宾模型对我国地方政府间的财政支出竞争进行解释性分析。

第 6 章是地方政府间支出竞争影响基本公共服务质量的实证分析。本章将省级政府间支出竞争的拟合值以及财政分权和支出竞争的交互项纳入模型中，并考虑到空间地理位置的异质特点，利用地理加权回归模型来对省级政府间支出竞争的公共服务效应以及空间异质性进行探究。

第 7 章是地方政府间支出竞争下提升基本公共服务质量的政策建议。首先，要进一步健全地方政府间的标尺竞争机制，包括：向主动型标杆管理转变，健全自上而下的标尺竞争机制；完善政府绩效考核体系，构建自下而上的标尺竞争机制；发挥公共服务外溢效应，建立健全地方政府间竞合机制。其次，要增强支出竞争的公共服务效应，包括优化地方政府财政支出结构、提高地方政府的财政透明度、提升地方政府财政支出效率以及促进基本公共服务供给创新。最后，要优化公共服务供给的制度环境，包括：建立现代财政制度，构建公共服务型财政治理体系；完善财政分权制度，增强事权与支出责任的匹配性；逐步改革户籍制度，推动劳动力流动下的财政竞争。

第 8 章是研究结论与展望。本章归纳了本书的研究结论，对本研究存在的局限性进行阐述，并对下一步的研究进行展望。

本研究的技术路线如图 1-2 所示。

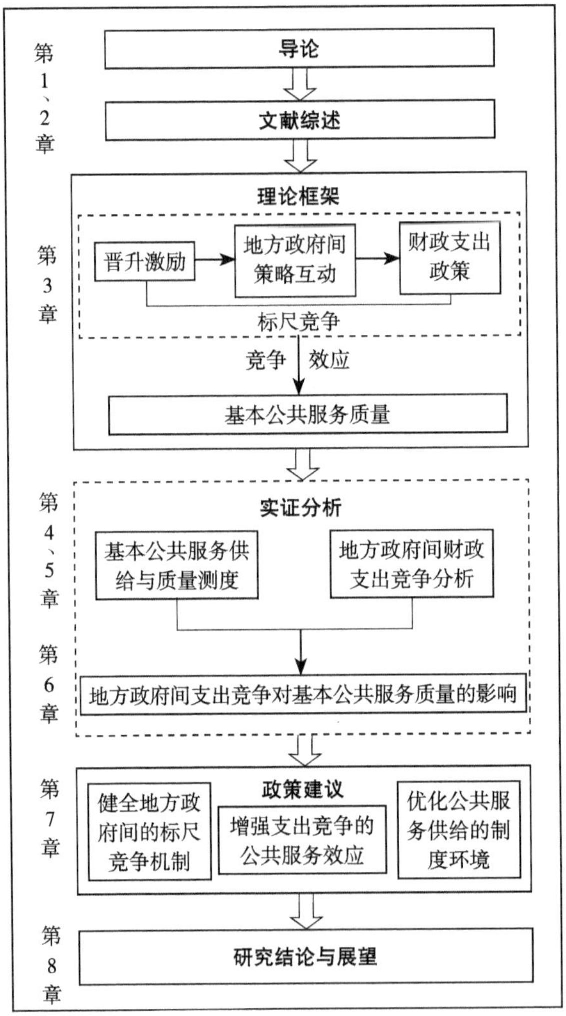

图 1-2　技术路线

1.4.2 创新之处

本研究尝试在以下方面取得创新。

一是研究内容上的丰富。首先，基于标尺竞争的视角对地方政府间的财政支出策略互动行为进行解释，并将财政透明度作为信息外溢的代理变量纳入模型中，从而对我国是否存在自上而下方向的标尺竞争进行验证。现有研究中很多学者并未对此进行验证，对于标尺竞争这一外来概念存在混用的情形，止步于地方政府支出政策的策略互动分析。部分学者关注政治激励影响路径下的系数符号和大小，忽略了标尺竞争中信息外溢这一重要特征。其次，运用地理加权回归模型探究省级政府间支出竞争的公共服务效应，将地理因素的非平稳性纳入模型中，从而实现地方政府间支出竞争对基本公共服务质量影响的空间异质性研究，弥补现有研究的不足。

二是研究方法上的完善。首先，运用跨年度聚类分析的方法，计算每年省级基本公共服务财政支出的聚类集中度，并结合变异系数法，对省级基本公共服务财政支出的同质性和聚合性进行深入探究，丰富关于地方政府财政支出演变趋势的研究。其次，本书在研究地方政府间支出竞争对基本公共服务质量的影响时，突破现有的地方政府间支出竞争效应模型在设定上存在的局限性，将省级政府间支出竞争的拟合值纳入模型中，从而能够刻画地方政府财政支出的策略互动所产生的影响。

第 2 章　文献综述

2.1　基本公共服务质量的研究综述

本书的研究对象为基本公共服务，因此首先应对其概念予以界定，此为本书分析的逻辑起点。

2.1.1　基本公共服务的概念界定

基本公共服务是指满足人民群众基本生存需要和发展需要的公共服务，而对于其涉及哪些领域、包含哪些类型，国内学者根据我国情况进行了诸多研究，但是尚未形成完全一致的看法。基本公共服务的概念十分广泛，基于多元角度以及不同的理论框架，基本公共服务的划分会呈现差异化的类别属性。本书在刘德吉[①]论点的基础上，结合近年来的文献，按照基本公共服务外延界定范围的宽窄将基本公共服务的界定梳理为三种类型。

第一种类型是“窄派”界定。持“窄派”观点的学者认为基础教育、基本公共医疗卫生、社会保障等对公民起点公平发挥重要作

① 刘德吉．国内外公共服务均等化问题研究综述［J］．上海行政学院学报，2009，10（6）：100-108.

用的社会性公共服务为基本公共服务，需要政府承担责任、优先提供并满足公民需求。该类界定将基本公共服务聚焦于民生类基本公共服务，有学者在实证分析中称之为社会性或者非经济性公共服务，如胡鞍钢等①、包兴荣②、贾智莲和卢洪友③、肖建华④、闫丽莎⑤、丁辉侠⑥。之所以将基本公共服务聚焦于民生类或者社会性公共服务，原因在于民生类基本公共服务与其他基本公共服务相比，具有直接生活消费性、基础保障性、生存保底性、增益不可逆性等特点。⑦⑧⑨此类基本公共服务与民众的日常生活紧密相关，其质量的高低关乎民众的基本生存和发展需求是否得到满足，民众对该类服务的供给以及质量存在较高的敏感度。因此，对民生类基本公共服务的供给进行充分关注和研究有助于突出研究的重点，具有重要的现实意义。

第二种类型是“宽派”界定。持“宽派”观点的学者认为基本公共服务除了包括基础教育、基本医疗卫生、社会保障和就业等满

① 胡鞍钢，魏星，张宁．中国多维不平等与公共财政体系构建［C］．政府转型与社会再分配论文集，2005.

② 包兴荣．社会公正话语下的城乡社会性公共服务统筹刍议［J］．四川行政学院学报，2006（3）：70-73.

③ 贾智莲，卢洪友．财政分权与教育及民生类公共品供给的有效性：基于中国省级面板数据的实证分析［J］．数量经济技术经济研究，2010，27（6）：139-150，161.

④ 肖建华．我国社会性基本公共服务财政投入效率评价：基于 DEA 的分析［J］．财经理论与实践，2012，33(6)：70-75，92.

⑤ 闫丽莎．基于 DEA 的基本公共服务财政支出绩效评价研究［J］．河北经贸大学学报（综版），2011，11（1）：79-82.

⑥ 丁辉侠．财政分权、制度安排与公共服务供给：基于中国省级面板数据的实证分析［J］．当代经济科学，2012（5）：105-111.

⑦ 刘明慧．公共服务型财政与社会性支出制度建构［J］．东北财经大学学报，2007（2）：45-49.

⑧ 刘德吉，胡昭明，程璐，等．基本民生类公共服务省际差异的实证研究：以基础教育、卫生医疗和社会保障为例［J］．经济体制改革，2010（2）：35-41.

⑨ 同④.

足社会均衡发展需要的民生类、社会性基本公共服务之外，还包括生产性基础设施、生活性基础设施以及环保等促进经济发展需要的经济性公共服务，此外还涉及一般公共服务、公共安全等满足行政部门正常运转需求的维持性公共服务。该界定是宏观意义上的公共服务类型划分。例如，陈昌盛和蔡跃洲将基本公共服务按照民众需求的层次划分为三类：第一类便是“窄派”观点划分的范畴，另外两类涉及改善软硬生活环境、满足高层次发展需求以及维持政府机关运转的服务。[①] 因此，这种基本公共服务界定观点是从供给主体出发，认为只要供给主体为政府部门，无论是社会性、经济性还是维持性的公共服务，无论是政府部门直接提供还是通过政府与社会资本合作、政府购买等方式间接提供的公共服务，均可纳入基本公共服务的范畴。

第三种类型是带有中庸色彩的“中派”界定。持“中派”观点的学者认为基本公共服务的外延界定要适度，既不能过宽也不能过窄。例如，陈海威[②]、项继权等[③]、陈振明等[④]、丁元竹[⑤]、王永坚[⑥]、吴乐珍[⑦]认为基本公共服务除了包括“窄派”民生类基本公共服务之外，还应包括环境保护、公共文化、公共交通、公共安全、住房保障、

① 陈昌盛，蔡跃洲．中国政府公共服务：体制变迁与地区综合评估［M］．北京：中国社会科学出版社，2007.

② 陈海威．中国基本公共服务体系研究［J］．科学社会主义，2007（3）：98-100.

③ 项继权，袁方成．我国基本公共服务均等化的财政投入与需求分析［J］．公共行政评论，2008（3）：89-123，199.

④ 陈振明，刘祺，蔡辉明，等．公共服务绩效评价的指标体系建构与应用分析：基于厦门市的实证研究［J］．理论探讨，2009（5）：130-134.

⑤ 丁元竹．界定基本公共服务及其绩效［J］．国家行政学院学报，2009（2）：18-21.

⑥ 王永坚．基于因子分析的省级政府公共服务绩效评价研究［J］．福建行政学院学报，2012（1）：12-18.

⑦ 吴乐珍．基于因子分析法的各省基本公共服务绩效评价［J］．统计与决策，2012（11）：60-62.

科技服务等类型。2017年，国家《“十三五”推进基本公共服务均等化规划》出台，提出建立国家基本公共服务清单，包括公共教育、就业创业、社会保险、医疗卫生、社会服务、住房保障、文化体育、残疾人服务八个领域，该界定属于“中派”的范畴。

上文所述“宽派”和“窄派”观点中所包括的服务类型，其相应派别下学者们的观点大体一致，但是“中派”观点对基本公共服务的界定呈现多样化，对于其所包括的服务类型没有达成较为一致的认识。

本书关注“窄派”基本公共服务，其在许多研究中又被称为民生类基本公共服务或者社会性公共服务，包括教育、医疗卫生、社会保障和就业公共服务。虽然政府部门的重要职能中包括公共服务职能，该公共服务所包括的是“宽派”观点下的基本公共服务类型，政府有责任确保公共服务的充分供给，但是随着经济社会的发展，政府不应继续实行计划经济时代下包揽一切的服务模式。明确政府干预与市场机制在资源配置中的角色分配，即政府应从那些市场可以充分发挥作用的领域中抽身出来，加强在基础教育、基本医疗卫生、社会保障和就业等民生领域的财政支出责任，一方面是由于经济新常态下地方政府财政收入增长乏力，过度保障在财政资源支持上可行性不足，另一方面也是出于吸取高福利国家实施过度保障的经验教训的考虑，避免出现负面激励以及道德风险困境。

2.1.2 基本公共服务的质量评估

首先，对于基本公共服务的质量，学术界在评估时有绩效、水平、效果等提法，在现有研究中将上述概念混用的情形比较多。

基本公共服务的绩效涉及绩效预算的概念。绩效预算是一个需要考量项目、部门、政府等多层次绩效的预算安排。但是，由于中国的特殊国情和制度安排，绩效预算便发展成预算绩效管理的概念，从管理的角度来提高单项基本公共服务预算支出的绩效水平，其中绩效信息包括投入、产出、结果等方面。因此，绩效概念的内涵和外延比较广泛，包括水平和效果等多个范畴。

西方国家对公共服务质量的研究多涉及质量管理的内容，初期大都借鉴企业服务质量管理的研究，具体从民众满意度出发来设计调查问卷，这是公共服务质量的主观性测量方法。要缩小服务供给与公民满意度二者之间的绩效差距，管理者必须采取顾客导向的发展策略，因为服务供给者能够直接满足用户需求。Parasuraman、Zeithaml 和 Berry 提出的顾客感知模型（SERVQUAL）是常用的方法之一，他们认为政府公共服务质量是民众期待和其所感知到的公共服务绩效二者的对比，具体是依据五种维度测度公共服务质量，分别为有形性（Tangibility）、可靠性（Reliability）、响应性（Responsiveness）、保证性（Assurance）以及移情性（Empathy）。[①] 在后续的研究中，也有学者对将民众满意度作为绩效测量指标的做

① Parasuraman A，Zeithaml V A，Berry L L. SERVQUAL：a multiple-item scale for measuring consumer perceptions of service quality [J]. Journal of Retailing，1988，64（1）：12.

法进行了批判。例如，Stipak 认为使用满意度的数据去评估服务绩效可能会产生误解而非阐明，因为这些主观性数据存在概念上和统计技术上的复杂性，适用于分析特定的绩效信息，这些绩效信息由于其无形性而无法使用其他方法进行测量，只能借助于调查问卷。[①] 因此，很多学者提倡将市民问卷数据与更客观的指标相结合，从而发展出一个更全面的项目绩效评估方式。[②③]

根据评估主体和范围的不同，可将公共服务绩效与满意度进行区分。绩效评估可视为公共服务质量的内部测量，因为这些指标信息来源于政府管理者构造和监测的效果定义，相对应地，满意度的测度则是公共服务质量的外部测量[④]，这是将评估主体的区分加入质量测量的过程中。西方国家对于公共服务质量的评估越来越趋向于囊括主客观信息的综合性、全过程评估，即涵盖从政府管理者角度出发的客观性绩效评估和从民众角度出发的主观性满意度评估。

国内很多学者对公共服务质量进行了规范性分析。例如，张锐昕和董丽阐述了公共服务质量内在固有和外界赋予的双重属性[⑤]，谢星全提出了一个全面角度下基本公共服务质量的概念界定与宏观、

---

① Stipak B. Citizen satisfaction with urban services: potential misuse as a performance indicator [J] . Public Administration Review, 1979, 39 (1): 46-52.

② Brown K, Coulter P B. Subjective and objective measures of police service delivery [J] . Public Administration Review, 1983, 43 (1): 50-58.

③ Parks R B. Linking objective and subjective measures of performance [J] . Public Administration Review, 1984, 44 (2): 118-127.

④ Kelly J M, Swindell D. A multiple–indicator approach to municipal service evaluation: correlating performance measurement and citizen satisfaction across jurisdictions [J] . Public Administration Review, 2002, 62 (5): 610-621.

⑤ 张锐昕，董丽 . 公共服务质量：特质属性和评估策略 [J] . 北京行政学院学报，2014 (6)：8-14.

中观、微观分析范畴[①]。尽管如此，并非任何研究都需要大而全的指标体系，仍需要根据研究目的有选择性地确定测量指标。

综上所述，本书认为广义上的基本公共服务质量是囊括绩效、水平、效果、公民满意度等概念的综合性概念，上述概念在学术研究中经常混用。一方面，基本公共服务的满意度调查受到诸多主观因素的影响；另一方面，客观绩效信息测量的是总水平，而公民满意度是以地区或者共同体中的个人为单位。因此，本书使用绩效信息来考察基本公共服务的宏观性总体趋势变化，即采用狭义的质量范畴，关注基本公共服务宏观总体上的客观绩效信息。由于绩效考核包括投入、产出、结果等信息，而本书试图分析地方财政支出行为对基本公共服务产出的影响，政府支出本身便为一种形式的投入，因此使用基本公共服务质量较为恰当，其包括基本公共服务产出和结果信息。

其次是关于基本公共服务质量的评估方法。现有文献从不同的维度出发对基本公共服务质量设计测量指标，从而进行实证分析，如张钢等以公民价值为导向来设计测度指标并进行实证分析[②]。国内很多关于基本公共服务质量的空间差异研究大都借鉴马慧强等[③]的做法，对基本公共服务质量设计具体的二级指标体系，研究中的指标包括投入性指标和结果性指标。还有很多学者运用DEA模型对基本

① 谢星全.基本公共服务质量：一个系统的概念与分析框架［J］.中国行政管理，2017（3）：68-72.

② 张钢，牛志江，贺珊.地方政府公共服务质量评价体系及其应用［J］.公安研究，2009，38（5）：31-40.

③ 马慧强，韩增林，江海旭.我国基本公共服务空间差异格局与质量特征分析［J］.经济地理，2011，31（2）：212-217.

公共服务的绩效信息进行评估，如陈昌盛和蔡跃洲[①]、陈晶璞和闫丽莎[②]、肖建华[③]、陈刚和赖小琼[④]对基本公共服务的绩效信息进行了相对技术效率评价。另外，吴乐珍[⑤]、王永坚[⑥]等学者基于因子分析法对各省基本公共服务进行了绩效评价。

关于基本公共服务质量的评估方法，除了上述文献中所提到的DEA 模型、因子分析法之外，很多文献还采用熵值法对基本公共服务的质量实施综合性评价。例如，马慧强等[⑦]、王晓玲[⑧]、豆建民等[⑨]、卢洪友等[⑩]、柯善咨等[⑪]、赵林等[⑫]运用熵值法对基本公共服务省级或者地市级指标数据进行了综合测度，具体步骤是首先对指标数据进行无量纲化处理，其次采用适宜的权重进行加权汇总，最后输出相应的综合测度结果。

---

① 陈昌盛，蔡跃洲 . 中国政府公共服务：体制变迁与地区综合评估［M］. 北京：中国社会科学出版社，2007.

② 陈晶璞，闫丽莎 . 基本公共服务财政支出绩效评价体系研究［J］. 燕山大学学报（哲学社会科学版），2011，12（3）：110-113.

③ 肖建华 . 我国社会性基本公共服务财政投入效率评价：基于 DEA 的分析［J］. 财经理论与实践，2012，33（6）：70-75，92.

④ 陈刚，赖小琼 . 我国省际基础公共服务供给绩效分析：基于以产出为导向的三阶段 DEA 模型［J］. 经济科学，2015（3）：55-66.

⑤ 吴乐珍 . 基于因子分析法的各省基本公共服务绩效评价［J］. 统计与决策，2012（11）：60-62.

⑥ 王永坚 . 基于因子分析的省级政府公共服务绩效评价研究［J］. 福建行政学院学报，2012（1）：12-18.

⑦ 马慧强，韩增林，江海旭 . 我国基本公共服务空间差异格局与质量特征分析［J］. 经济地理，2011，31（2）：212-217.

⑧ 王晓玲 . 我国省区基本公共服务水平及其区域差异分析［J］. 中南财经政法大学学报，2013（3）：23-29，158-159.

⑨ 豆建民，刘欣 . 中国区域基本公共服务水平的收敛性及其影响因素分析［J］. 财经研究，2011，37（10）：37-47.

⑩ 卢洪友，田丹 . 中国财政分权对省际基本公共卫生服务绩效的影响［J］. 技术经济，2013，32（8）：100-106，129.

⑪ 柯善咨，尹靖华 . 民生目标下政府的支出竞争和福利效应［J］. 统计研究，2016，33（7）：11-18.

⑫ 赵林，张宇硕，焦新颖，等 . 河南省基本公共服务质量空间格局与空间效应研究［J］. 地理科学，2016，36（10）：1495-1504.

2.2 地方政府间竞争的研究综述

2.2.1 地方政府间竞争的概念与类型

政府竞争这一概念是由 Breton① 提出的。他认为，在政府公共部门体系内有多个权力中心存在，这些权力中心之间的竞争行为是为了得到民众的支持所引发的，在促使政治系统趋于平衡的过程中，政府竞争可以看作是政府供给或者第三部门供给公共产品和服务的参考机制。具体是将政府的税收和支出政策关联起来，如果在既定的税收水平下，权力中心提供给民众的公共产品和服务的数量最大限度地接近民众所需要的数量，则民众反过来会给予权力中心更多的支持。正是政府之间的竞争行为引导民众表露他们对政府供给的公共产品和服务的名义需求。该概念内含了政府之间竞争行为所包含的重要内容是公共产品或公共服务供给，表现形式为税收或支出政策。在国内研究中，刘汉屏等认为地方政府竞争是“一个国家内部不同行政区域地方政府之间为提供公共物品，吸引资本、技术等生产要素，而在投资环境、法律制度、政府效率等方面开展的跨区域政府间的竞争”。② 该定义涵盖了特定角度下辖区政府间竞争的手段、内容以及目的。

---

① Breton A. Competitive governments：an economic theory of politics and public finance［M］. Cambridge：Cambridge University Press，1998.

② 刘汉屏，刘锡田 . 地方政府竞争：分权、公共物品与制度创新［J］. 改革，2003（6）：23-28.

本书将地方政府间竞争界定为同级地方政府为了吸引或排斥要素流入、实现政治晋升等而采取财政、规制、创新等方式实施的竞争行为。关于地方政府间竞争的类型，从不同的角度切入会有不同的分类。

从政府间竞争的方式来看，地方政府间竞争涉及财政竞争、规制竞争、创新竞争等类型。其中，财政竞争是分权体系的自然伴生物，由于辖区之间的异质性，并不存在两个完全相同的地方政府，因此竞争行为不可避免地会产生，并非故意而为之的结果。从实践来看，财政竞争的表现依赖于异质性的强度以及在面临分权体系带来的一系列选择时经济实体如何做出反应。根据方式的不同，财政竞争又可细分为税收竞争和支出竞争，主要是为了吸引资本、劳动力等要素的流入而提供税收优惠或者增加财政支出。规制竞争是指地方政府通过出台一系列的规制措施，从而阻碍外地资源流入本地市场，增加本地资源市场竞争力的行为。创新竞争是指地方政府为了提升政绩和形象，争相在创新方面开展竞争的行为。

从政府间竞争的内容来看，可划分为公共产品和服务竞争、财政资金竞争、吸引投资竞争等类型。首先是地方政府之间供给公共产品和服务的竞争，即持续改善公共服务质量，降低供给成本，并不断调整供给去满足居民偏好。在用脚投票机制的作用下，流动性的资本要素或者劳动力要素会依据地方所能提供的公共服务来选择是否发生迁移行为，而地方政府为了留住要素并进一步吸引要素流入，往往会通过公共产品和服务竞争来实现施政目标。这类竞争实际上和要素竞争是一致的，即为了留住辖区内部的流动性要素而实施的竞争行为。其次是地方政府之间的财政资金竞争，目的是在对居民征收尽可能少的税收的情况下提供公共产品。例如，采取扩大税基的政策或者争取上级拨款的政策，类似的还有我国地方政府为争取中央转移支付资金而展开的竞争行为。最后是地方政府之间吸引商业投资的竞争，以此来实现促进生产、提高就业率以及增加地方收入的目的，此类竞争的手段包括税收结构的调整、支出政策的偏向、管制政策的实施以及对特定公司提供税收激励和公共服务。国内很多研究聚焦于上述竞争类型中的吸引投资竞争，例如，吴群等认为，地方政府之间的竞争行为主要是外商直接投资（FDI）竞争，以此促进地区生产总值（GDP）的增长。[①]

从政府间竞争的方向来看，根据参与竞争的政府所处的行政层级，可以将地方政府间竞争分为横向间政府竞争和纵向间政府竞争。横向间政府竞争，即西方文献中所涉及的辖区间竞争。各辖区在行政层级上属于同一层次，资源的有限性决定了地方政府在进行决策时不可避免地面临与其他地方政府相竞争的局面。纵向间政府竞争，是指中央与地方政府之间、地方纵向各层级政府之间在资源、权力的配置方面存在的竞争。

从政府间竞争的策略来看，主要分为差异化竞争和模仿性竞争两种类型。基于空间计量模型的界定，地方政府之间的策略互动行为一般分为两种，即策略替代行为和策略互补行为，相对应的便是差异化竞争行为和模仿性竞争行为。以税收竞争为例，策略替代

① 吴群，李永乐．财政分权、地方政府竞争与土地财政［J］．财贸经济，2010（7）：51-59.

式的差异化竞争是指政府竞争的反应函数的斜率为负值，即当其他（邻近或者经济相似）地方政府降低税率时，该地方政府倾向于增加税率；策略互补式的模仿性竞争是指当其他（邻近或者经济相似）地方政府降低税率时，该地方政府也趋向于降低税率。

从政府间竞争的模型来看，主要分为溢出效应模型和资源流动模型。Brueckner 认为，大部分实证研究中的反应函数所关注的策略性互动模型主要有两类：溢出效应模型和资源流动模型。[①] 在溢出效应模型中，辖区间互动的实现是通过将其他辖区的策略变量如税收政策考虑在内。因此，决策的制定不仅依赖于辖区自身的情况，而且通过溢出效应机制依赖于其他辖区的决策。例如：支出竞争，即预算的溢出效应和财政政策的相互依赖[②]；标尺竞争，即基于绩效评价的财政政策策略互动[③]。在资源流动模型中，由于资源的分布受所有选择的影响，每个辖区在策略变量的选择上并不直接受其他辖区决策的影响。即地方政府决策并没有直接将其他地区的财政政策情况考虑在内，而是受当地特定资源禀赋的影响。例如：税收竞争，为吸引要素流入而将税率作为策略变量[④]；福利竞争，为排斥低收入人口流入而将福利水平作为策略变量[⑤]。

① Brueckner J K. Strategic interaction among governments：an overview of empirical studies [J]. International Regional Science Review，2003，26（2）：175-188.

② Case A C，Rosen H S，Hines Jr J R. Budget spillovers and fiscal policy interdependence：evidence from the states [J]. Journal of Public Economics，1993，52（3）：285-307.

③ Besley T，Case A. Incumbent behavior vote-seeking，tax-setting，and yardstick competition [J]. American Economic Review，1995，85（1）：25-45.

④ Tiebout C M. A pure theory of local expenditures [J]. Journal of Political Economy，1956，64（5）：416-424.

⑤ Wildasin D E. Nash equilibria in models of fiscal competition [J]. Journal of Public Economics，1988，35（2）：229-240.

上述地方政府间竞争的类型划分是从不同角度切入的，包括方式、内容、方向、策略以及模型等方面，因此不同的分类方式存在相互交叉的现象。本书所探讨的是同级地方政府间的竞争。笼统意义上的财政竞争涵盖税收政策竞争和支出政策竞争，不管是地方政府为了吸引要素流入，还是为了获取民众的信任，作为同级地方政府之间的互动竞争形式，竞争的内容和手段可以具化为税收政策竞争和支出政策竞争。因此，本书认为财政竞争和标尺竞争其实在概念上可以统一起来，这与王守坤等[①]的观点一致，即二者之间的关系并非是割裂的，而是相互交叉的。作为地方政府竞争行为过程的两个层面，标尺竞争和支出竞争存在共生性，标尺竞争是支出竞争的依据和表现形式，支出竞争是标尺竞争的内容和载体。

2.2.2 地方政府间支出竞争的研究综述

地方政府间支出竞争是指地方政府以财政支出政策为方式实施的竞争行为。Case、Rosen 和 Hines 将空间计量经济学模型引入财政竞争领域，对地方政府间支出水平的相互依赖性进行了实证分析。[②]结果表明，美国州政府的财政支出水平受到邻近州财政支出水平的正向显著影响，邻近州财政支出每提高 1 美元，该州财政支出也相应提高 0.7 美元。由此引发了后续诸多学者对预算支出外溢效应的关注。

---

① 王守坤，任保平．中国省级政府间财政竞争效应的识别与解析：1978 ~ 2006 年［J］．管理世界，2008(11)：32-43.

② Case A C，Rosen H S，Hines Jr J R. Budget spillovers and fiscal policy interdependence：evidence from the states［J］. Journal of Public Economics，1993，52（3）：285-307.

国内很多学者运用空间计量经济学模型研究我国地方政府之间的支出竞争行为，且大多基于省级的空间面板数据来考察财政支出结构划分所涉及的各类财政支出的策略互动。这些研究利用空间权重矩阵和面板回归模型进行具体分析，在操作层面上则是利用空间滞后、空间误差或者空间杜宾等模型来确定空间相关性的来源，具体要通过空间滞后项、空间误差项系数来呈现地方政府之间在支出政策方面是否存在策略互动行为以及行为的方向如何。系数符号的正负代表互动的类型是策略互补还是策略替代，而系数的大小则反映策略互动的程度如何。

在国内具有代表性的相关研究中，卢洪友和龚锋发现公共投入型支出、公务消费型支出以及一般消费型公共支出在省级政府之间分别存在“竞争效应”、“攀比效应”以及“受益外溢效应”。① 邵军研究发现，地方财政支出在总量上和在基本建设支出领域存在显著且稳健的模仿行为，但教育科技支出的策略互动基本上不显著。② 郭庆旺和贾俊雪认为，在财政竞争机制的作用下，地方政府在财政支出政策上存在显著的策略互动行为。③ 李涛和周业安通过实证分析得出结论：在省级支出总量和行政管理费支出上为策略替代，而在省级基本建设、教育科学、医疗卫生、预算外等支出上则为策略互补。④ 王美今等发现，地方政府支出的相对规模、基建支出以及科教

① 卢洪友，龚锋 . 政府竞争、“攀比效应”与预算支出受益外溢［J］. 管理世界，2007（8）：12-22.

② 邵军 . 地方财政支出的空间外部效应研究［J］. 南方经济，2007（9）：3-11.

③ 郭庆旺，贾俊雪 . 地方政府间策略互动行为、财政支出竞争与地区经济增长［J］. 管理世界，2009（10）：17-27，187.

④ 李涛，周业安 . 中国地方政府间支出竞争研究：基于中国省级面板数据的经验证据［J］. 管理世界，2009(2)：12-22.

文卫支出都呈现相互模仿的策略互动。[①] 尹恒和徐琰超利用地市级数据分析发现，存在标尺竞争的同省地区间基建公共支出呈正相关性，地理相邻地区间基建公共支出呈负相关性。[②] 郭玉清等研究发现，基建、文教科卫和预算外支出具有显著的空间自相关性，表现为策略互补，行政管理支出则由于地方财力情况的差异而表现为策略替代，效益外溢性、财政竞争机制和标尺效应在其中交替发挥了主导作用。[③] 刘小勇和丁焕峰认为，在社会发展性支出上，地方政府间出现了趋底竞争，而不是趋好竞争。[④] 如果相邻地区的政府提高社会发展性支出，则会导致当地政府减少该支出。需要注意的是，本书认为这种策略替代型的支出竞争并非逐底竞争。逐底竞争是指当其他地区降低（某类）支出水平（比例）时，该地区也倾向于选择降低，从而导致支出水平（比例）越来越低的现象，即其空间策略互动的系数应为正值，如果为负值，那么是差异化的竞争策略，而非逐底竞争。

表 2–1 呈现的是国内地方政府间支出竞争研究的部分结论。现有研究大多关注的是财政支出结构的整体空间性偏向，如经济性支出、维持性支出以及社会性支出。从结论中可以明显看出，由于数据层级、数据时间、运用模型以及估计方法的不同，虽然在经济性

① 王美今，林建浩，余壮雄．中国地方政府财政竞争行为特性识别："兄弟竞争"与"父子争议"是否并存？[J]．管理世界，2010（3）：22-31.

② 尹恒，徐琰超．地市级地区间基本建设公共支出的相互影响[J]．经济研究，2011，46（7）：55-64.

③ 郭玉清，姜磊，李永宁．空间外部性视角下的地方政府支出策略互动模式[J]．经济地理，2012，32（5）：30-36.

④ 刘小勇，丁焕峰．邻里竞争、财政分权与政府财政支出偏向研究：基于三层分权框架的角度[J]．当代财经，2015（7）：35-44.

支出上得出的结论表现出了较高的一致性，但是在维持性支出和社会性支出上得出的结论差异很大，策略替代、策略互补或者不显著均存在。

表 2–1 国内地方政府间支出竞争研究的部分结论

文献	经济性支出	维持性支出	社会性支出	数据时间
邵军（2007）	策略互补		不显著	2001—2005 年
卢洪友和龚锋（2007）	策略互补	策略互补	策略替代	1997—2005 年
郭庆旺和贾俊雪（2009）	策略互补	策略替代	策略互补	1986—2006 年
李涛和周业安（2009）	策略互补	策略替代	策略互补	1999—2005 年
张晏等（2010）	策略互补			1987—2004 年
王美今等（2010）	策略互补		策略互补	1985—2006 年
郭玉清等（2012）	策略互补	策略替代	策略互补	1994—2009 年
刘小勇和丁焕峰（2015）	策略互补		策略替代	1998—2006 年
梁河和西宝（2015）	策略互补	策略互补	策略互补	1985—2012 年

有学者针对特定领域的支出政策是否呈现竞争效应进行了研究。例如，在教育服务领域，黄宸和李玲认为邻近地区的区县政府之间在中职教育支出政策方面呈现显著的相互依赖特征，表现为竞争效

应而非替代效应[①]；周亚虹等发现地市级政府在教育支出政策方面出现了标尺竞争的行为[②]。在社会保障服务领域，杜妍冬和刘一伟通过实证分析得出地方政府在社会保障领域的支出政策上可能存在相互竞争[③]。在基本医疗卫生服务领域，张树江研究发现，省级政府之间在医疗卫生支出方面存在竞争行为[④]。在科技服务领域，张旭华认为基于资源流动的财政竞争有助于解释地方科技财政支出的策略互动，而且作用强于标尺竞争效应[⑤]；张梁梁等认为，虽然财政分权体制抑制了地方政府对科技研发的财政支持，但是地方政府科技支出比重却有小幅度增加，这是地方政府模仿互补的标尺竞争策略发挥作用的结果[⑥]。在生态环保服务领域，丁刚和翁萍萍研究发现，省域生态文明建设服务领域在近几年表现出显著的竞相向上的标尺竞争效应[⑦]。

在“邻居”政府的选择和操作化方面，现有研究是通过对不同空间权重选取下的显著性以及空间滞后项系数的大小进行区分对比来实现的。例如，尹恒和徐琰超使用纯粹地理相邻矩阵和纯粹行政

① 黄宸，李玲．省域内区县政府间中职教育财政支出的相互影响研究：基于“标尺竞争”的视角［J］．教育与经济，2017（1）：34-39.

② 周亚虹，宗庆庆，陈曦明．财政分权体制下地市级政府教育支出的标尺竞争［J］．经济研究，2013（11）：127-140.

③ 杜妍冬，刘一伟．中国省级政府间社会保障财政支出的空间竞争：基于2004—2013年省级面板数据［J］．华东理工大学学报（社会科学版），2016，31（3）：115-123.

④ 张树江．我国地方政府间财政支出竞争的实证研究：基于医疗卫生支出的空间计量分析［J］．经济研究参考，2015（65）：30-33.

⑤ 张旭华．地方财政科技投入的策略互动与政府间竞争［J］．地方财政研究，2015（5）：53-60.

⑥ 张梁梁，杨俊，罗鉴益．财政分权视角下地方政府科技支出的标尺竞争：基于265个地级市的实证研究［J］．当代财经，2016（4）：29-39.

⑦ 丁刚，翁萍萍．省域生态文明建设存在标尺竞争效应吗？［J］．西北工业大学学报（社会科学版），2017，37（1）：1-9.

相邻矩阵来检验地方基建支出的溢出效应和竞争效应，从而将两种效应进行区分。① 郭玉清等使用不同的空间权重矩阵进行检验，发现经济相邻权重矩阵的指数值与显著性均普遍高于经济距离权重矩阵，因此在基本建设和科教文卫支出竞争方面，地方政府主要以经济发展水平接近的相邻省份作为参照目标进行竞争。② 梁河和西宝通过分析发现，相同省级行政管辖范围内的城市在支出规模、经济性支出、社会性支出和维持性支出上皆存在显著的互补性策略互动，这种互动在不同省级行政管辖范围的城市之间则表现较弱。③ 上述研究所得出的结论基本一致，即地理位置邻近、经济发展水平相近的辖区之间存在较为明显的策略互动行为。

除了利用空间权重矩阵对地方政府间支出竞争进行刻画之外，还有学者采用其他方式对支出竞争进行刻画。例如，伍文中将支出竞争刻画为财政支出与财政收入二者之间的对比关系。④ 其测度方式是：财政支出竞争度 =（财政支出 – 财政收入）/（财政支出均值 – 财政收入均值）。钟晓敏通过公共收入负担和公共服务供给水平来对地方政府之间的财政竞争程度进行刻画。⑤ 在基本公共服务支出政策方面，地方政府之间是否存在策略互动，如果存在，那么究竟是互补性竞争还是替代性竞争？关于这个问题，现有文献的研究结论并

① 尹恒，徐琰超．地市级地区间基本建设公共支出的相互影响［J］．经济研究，2011，46（7）：55-64.

② 郭玉清，姜磊，李永宁．空间外部性视角下的地方政府支出策略互动模式［J］．经济地理，2012，32（5）：30-36.

③ 梁河，西宝．中国地方政府财政支出竞争行为特性与激励机制：基于市级面板数据的经验分析［J］．地方财政研究，2015（2）：35-40.

④ 伍文中．政府间财政支出竞争的人口流动效应分析［J］．统计与决策，2011（2）：132-134.

⑤ 钟晓敏．市场化改革中的地方财政竞争［J］．财经研究，2004（1）：21-30.

未达成一致，原因在于选取的变量指标以及计量模型存在差异，此外，研究视角的不同也导致结论存在较大的差异。

2.2.3 地方政府间标尺竞争的研究综述

标尺竞争模型的构建源于委托代理理论，该理论通过研究企业内部存在的信息不对称以及由此引发的激励和管理问题逐渐发展起来。委托人和代理人之间会形成特定的相互作用机制，利益是否一致和信息是否对称构成了两个关键性因素，决定了委托代理关系是否能够正常维持。尤其是当两个主体产生一定程度的利益冲突时，在信息透明度较低的情况下，委托人选择什么样的绩效评价标准以及后续的激励措施如何将会极大地影响代理人的行为。

20 世纪 80 年代初，由于传统规制理论中完全信息的前提假定与现实中所面临的信息不对称情况相差甚远，因此，为解决信息不对称问题，通过对企业实施规制来实现社会福利水平的极大提升，标尺竞争理论便被引入进来。Shleifer 认为在传统的规制框架内，特许垄断缺乏降低成本的激励，因此“成本 – 服务”的规制方法不能达到特定的成本激励效果。[①] 于是他提出了一个机制，使得受管制企业的价格制定依赖于相似企业的成本，这样每个企业都会去选择社会可接受的成本降低的水平，由此引入了标尺竞争的规制概念。对于任何企业，规制者使用可比较企业的成本信息去推断该企业能达到的成本水平，将标尺竞争引入私营企业和国营企业的绩效提升过程

① Shleifer A. A theory of yardstick competition [J]. The RAND Journal of Economics, 1985, 16 (3): 319-327.

中，通过选择相似的标杆作为成本比较的对象，从而为降低成本提供有效的激励。

最早对地方政府财政政策的策略互动关系进行分析的学者为Case、Rosen和Hines①。他们运用空间计量工具分析了预算溢出效应以及财政政策相互依赖的情形，并且通过对实践的观察发现，辖区间的支出水平确实会相互影响。例如，1984年4月，得克萨斯州州长提出了一个特殊的立法议案，即增加学校方面的支出共约10亿美元。之所以出现支出增加，部分原因是几个月前联邦教育部的研究表明，在所有州政府中，得克萨斯州人均公共教育支出占人均收入的比例排名倒数第二，这一指标在得克萨斯州民众之间引起了广泛的关注。Salmon提出地方政府的绩效信息可以通过横向辖区间的比较来进行评估，从而判断本地官员是否在浪费资源以及是否能够连任。②

随后，Besley和Case对公共部门的标尺竞争进行了系统的开创性论述，将标尺竞争视为在发达和民主国家中规范寻租政治家的重要工具，认为公共部门的标尺竞争是政治市场上为争取选民而实施的竞争行为。③基于信息外溢的角度，“邻居”政府的财政政策会影响处于信息劣势的选民对于代理人即当地政府的能力的判断，地方辖区内的选民可以将其他地区政府的绩效作为标尺来对本地政府的

① Case A C, Rosen H S, Hines Jr J R. Budget spillovers and fiscal policy interdependence: evidence from the states [J]. Journal of Public Economics, 1993, 52 (3): 285-307.

② Salmon P. Decentralization as an incentive scheme [J]. Oxford Review of Economic Policy, 1987, 3 (2): 24-43.

③ Besley T, Case A. Incumbent behavior: vote-seeking, tax-setting, and yardstick competition [J]. American Economic Review, 1995, 85 (1): 25-45.

公共服务供给质量进行更多的了解和衡量。因此，标尺竞争可视为帮助投票者以较低成本掌握竞选者胜任信息的一种工具，信息外溢效应的存在将会使地方官员模仿彼此的行为，从而使得邻近地方政府的政策之间存在相关性。这里的其他地区往往是指一些相似境地的州，Case 等放弃使用相似境地的州（Similarly Situated States）这种说法，改称“邻居”（Neighbors）[①]。当然，必须强调的是，这种“邻居”并不必然意味着有地理位置上的相邻性，在经济社会方面具有相似性的州之间的相互影响力会比那些地理位置相近但经济社会特征不相似的州之间的相互影响力更强。

上一小节对地方政府间支出竞争的相关研究进行了综述。标尺竞争可以视为地方政府财政政策策略互动的表现形式或者背后的运作机制之一。标尺竞争是信息外溢角度下的财政支出政策竞争，理论依据为受邻近地区政策信息外溢的影响，处于信息劣势的委托人对于代理人即政府的能力和诚实性的判断缺乏充分的信息，一个地方辖区的委托人通过将其他地区政府的绩效信息作为标尺，能够对本地公共管理者的服务供给质量和效率有更充分的了解，进而形成标尺竞争的模式。

但是，很多文献并没有区分地方政府间支出竞争与标尺竞争的概念，在实证研究中，很多学者将二者等同，进行财政支出政策的空间关系研究。很多文献呈现了地方政府之间存在的相互模仿行为，并将此结果作为标尺竞争现象存在的结论性证据。即在部分投票者

① Case A C，Rosen H S，Hines Jr J R. Budget spillovers and fiscal policy interdependence：evidence from the states［J］. Journal of Public Economics，1993，52（3）：285-307.

进行相对绩效评价的情况下，糟糕的或者低效的政府可能会被迫设定与“邻居”政府相一致的财政政策变量，以避免失去竞选连任的机会，因此地方财政政策中的模仿或者复制行为将会成为预期的结果。例如，Borck 等验证分析了辖区间的财政竞争和财政支出结构的关系，利用空间滞后、空间误差模型和 GS2SLS 估计方法分析了德国 2002 年辖区间不同财政支出类型下的反应函数。[①]结果显示，邻近郡县在财政支出上存在显著的互动行为，邻居郡县总支出每增长 1 欧元会使得本郡县增长 0.22 欧元。但是，不同财政支出类型下的反应函数是不一样的，如社会福利、科学、研究和文化领域的支出呈现的反应系数是负的。上述研究仅仅是对地方政府财政政策的相互依赖进行实证分析，并未对这种支出相互影响的背后原因和机制进行明确界定。

也有学者对财政支出的标尺竞争效应进行了验证，但是关于地方政府间支出策略互补的竞争行为是否来源于标尺竞争，得出的结论并不一致。一方面，有学者研究表明，地方政府之间的策略互动行为是标尺竞争机制在发挥作用。例如，解垩和王晓峰发现地方政府在财政政策制定中出现策略模仿行为，并将该模仿行为归因于“标尺竞争”模型。[②]张晏等运用空间模型分析得出地方在生产性支出上存在空间依赖性。他们将财政支出溢出效应的时空分异现象视为标尺竞争的有利证据，而非财政竞争的结果，并依据我国政治集

① Borck R，Caliendo M，Steiner V. Fiscal competition and the composition of public spending：theory and evidence[J]. FinanzArchiv：Public Finance Analysis，2007，63（2）：264-277.

② 解垩，王晓峰．财政支出的相互作用：空间面板数据模型分析［J］．山东经济，2009，25（3）：102-107.

权的制度背景，首次提出自上而下的标尺竞争理论假说。① 另一方面，也有学者的研究否认存在标尺竞争效应。例如，王守坤和任保平检验地方政府是否为了增加晋升连任的机会而在特定的重大政治经济会议召开的年份呈现较强的标尺竞争效应，结果显示该效应未被证实，不过，该项实证研究关注的是预算的税负水平，即税收政策方面的策略互动行为，而非财政支出。② 踪家峰等分别从税收政策和支出政策两个维度，对我国地方政府之间是否存在基于晋升激励的自上而下的标尺竞争进行研究，结论表明我国地方政府之间存在标尺竞争行为。③

另外，关于标尺竞争理论对社会现实的解释力，部分文献存在质疑。一方面，关于地方政府的行为是否呈现竞争性存在争议，即认为地方政府之间在财政政策上的策略互动可能不是竞争性行为，即便发生竞争性行为，也可能出现与标尺竞争理论所预测的政策趋同相反的情况，如政策分离现象。另一方面，标尺竞争行为的发生存在一定的前提假设，资源禀赋的差异会影响地方政府的行为选择。例如，Cai 和 Treisman 认为地方政府之间存在的初始禀赋差异会对地方政府间竞争行为的约束效力产生影响，有可能并不会出现争相模仿行为，反而初始资源禀赋相对差的地方会出现“破罐子破摔”的现象，放弃对要素的竞争，即不会出现标尺竞争下的政策趋同现象，

① 张晏，夏纪军，张文瑾．自上而下的标尺竞争与中国省级政府公共支出溢出效应差异［J］．浙江社会科学，2010（12）：20-26，74，125.

② 王守坤，任保平．中国省级政府间财政竞争效应的识别与解析：1978 ~ 2006 年［J］．管理世界，2008（11）：32-43，187.

③ 踪家峰，李蕾，郑敏．中国地方政府间标尺竞争：基于空间计量经济学的分析［J］．经济评论，2009（4）：5-12.

而是形成差异化的发展路径。[①] 因此，资源禀赋的差异会影响地方政府参与支出竞争的意愿和强度。例如，Hong 论证了自然资源对中国地方基本公共服务供给产生的影响。她认为丰富的自然资源会降低地方政府通过投资人力资本来发展的意愿，因为资源型城市能够在没有高技能劳动力参与的情况下依赖资源消耗实现快速的经济增长。由于自然资源丰富的地区在参与支出竞争方面的积极性相对较弱，容易造成支出结构的扭曲和固化，因此这些地区的政府对民生类基本公共服务的重视和供给相对不足。[②]

最后，本书对上述地方政府间支出竞争和标尺竞争的文献进行总结评述。

一是本书认为笼统意义上的财政竞争包括税收竞争和支出竞争，而标尺竞争是信息外溢视角下的横向辖区间财政竞争。因此，不管是自下而上的标尺竞争还是自上而下的标尺竞争，作为同级地方政府之间的互动竞争形式，竞争的内容和手段可以具化为信息外溢和政治激励角度下的税收竞争和支出竞争。

二是现有研究中很多学者并未对标尺竞争理论在中国的适用性进行验证分析，对标尺竞争这一外来概念存在混用的情形，止步于地方政府支出政策的策略互动分析。部分学者关注政治激励影响路径下的系数符号和大小，忽略了标尺竞争中信息外溢这一重要特征。本书试图进一步扩展标尺竞争效应的验证分析，从委托人和代理人

① Cai Hongbin，Treisman D. Does competition for capital discipline governments? Decentralization，globalization and public policy[J]. American Economic Review，2004，95（3）：817-830

② Hong J Y. How natural resources affect authoritarian leaders' provision of public services：evidence from China[J]. The Journal of Politics，2018，80（1）：178-194.

之间的信息对称情况出发进行研究。

三是国内现有研究大多基于地方政府支出政策的策略互动来对支出竞争进行解释，验证财政支出总量或者各支出类型的空间溢出效应。但是，关于民生类基本公共服务财政支出竞争的分析研究，其结果呈现较大的差异性，并未达成较为一致的结论。尤其是关于民生类基本公共服务财政支出竞争究竟存在策略互补情形还是策略替代情形，鉴于所选择的研究方法、变量指标、数据行政层级、样本数据时间段不同等原因，既有的实证分析结论并不一致。

2.3 地方政府间竞争对基本公共服务的影响研究综述

分权体系下不同辖区通过税收和支出政策等手段在基本公共服务供给方面展开竞争，是出于吸引或者排斥部分居民流入、政治晋升等方面的考虑。那么，地方政府间的竞争行为对基本公共服务产生的影响是否是有益的？以往的文献中关于标尺竞争对公民福利水平影响的研究较少。Besley 和 Smart 提到，一些经济学家认为仁慈的政府趋向于将地方政府间的竞争视为负外部性的根源，由此将降低福利水平。[①] 与此相反，一些学者从公共选择的视角出发，假定利维坦式的政府认为标尺竞争能够促进福利水平提升。Brülhart 和 Jametti 持后一种观点，认为地方政府间的税收竞争是有益于福利水平提高

① Besley T J，Smart M. Does tax competition raise voter welfare ? [J]. CEPR Discussion Papers，2002.

的，因为可以限制公共部门收入最大化的范围，并发现了“利维坦驯服”（Leviathan Taming）的福利增进证据。① 经济理论也提供了针对相关情况的论述，认为税收竞争可能是趋好的竞争，也可能是趋坏的竞争。

2.3.1 地方政府间税收竞争对基本公共服务影响的研究综述

财政竞争分为税收政策竞争和支出政策竞争。Wildasin 根据财政竞争的模型，认为地区之间开展竞争是通过税收政策或者提供不同水平的公共产品，而后者主要是通过支出政策来实现的。② 在进行上述两种方式的选择时，要考虑经济发展模式、制度环境特征以及当地资源禀赋等条件。例如，Pieretti 和 Zanaj 发现，在辖区之间尤其是大辖区与小辖区之间的竞争中，辖区会根据资本流动成本的高低在不同的情形下选择税收竞争或者支出竞争作为竞争的策略。③ 然而，由于税收竞争在发展初期扮演重要角色，因此以往的很多文献将财政竞争近似于税收竞争。国内外关于辖区之间税收竞争对基本公共服务影响的研究具体如下。

国外关于财政竞争的文献最初主要聚焦于税收竞争对基本公共服务支出水平的影响。例如，Keen 和 Marchand 认为，在税收竞争的

① Brülhart M，Jametti M. Does tax competition tame the Leviathan?［J］. CEPR Discussion Papers，2007.

② Wildasin D E. Nash equilibria in models of fiscal competition［J］. Journal of Public Economics，1988，35（2）：229-240.

③ Pieretti P，Zanaj S. On tax competition，public goods provision and jurisdictions' size［J］. Journal of International Economics，2011，84（1）：124-130.

激励下，公共财政支出的结构发生了系统性的扭曲，是低效率的，因为太多的财政资金投入到有利于当地企业的公共投资上，而对居住在此地、流动性相对较差的公民有益的公共产品的供给却很少；同时发现在保持税率水平不变的情形下，增加消费性支出、相对降低生产性支出能够促进整体福利水平的有效增加。① 但是 Matsumoto 认为，税收竞争对财政支出结构的影响取决于劳动力是否流动，如果资本和劳动力均是流动的，那么上述 Keen 和 Marchand 的研究结论便不成立。②Matsumoto 剖析了一个有趣的案例，该案例表明资本税的竞争并没有扭曲财政支出结构，尽管公共支出的总体水平是低效的。Borck 分析了劳动力异质性下的财政竞争对财政支出结构的影响。他将劳动力分为高技能和低技能两类，发现高技能劳动力的流动性将会激励地方政府提供有益于高技能劳动力的公共服务。③

下面介绍国内现有的关于地方政府间税收竞争对基本公共服务影响的研究。由于户籍管控制度下劳动力要素流动受限，在资本要素退出机制的压力下，地方政府间的财政竞争主要表现为税收竞争。对于政府竞争的测度指标，多是采用资本要素的流动性即外商直接投资（FDI）指标或者税收收入来表示，例如，各地区外资企业的相

① Keen M，Marchand M. Fiscal competition and the pattern of public spending [J]. Journal of Public Economics，1997，66（1）：33-53.

② Matsumoto M. A note on the composition of public expenditure under capital tax competition [J]. International Tax and Public Finance，2000，7（6）：691-697.

③ Borck R. Fiscal competition，capital–skill complementarity，and the composition of public spending [J]. FinanzArchiv：Public Finance Analysis，2005，61（4）：488-499.

对税率（以此作为代理变量）[①]、人均利用外商直接投资[②]、财政收入占 GDP 比重[③]、税收收入占 GDP 比重[④]。在考察税收竞争对基本公共服务供给的影响时，往往是基于投入角度，即使用支出水平代表供给水平。例如，张恒龙和陈宪通过实证分析发现 FDI 与基本公共服务负相关，与基础设施正相关，但是各地的税收负担与 FDI 呈现负相关，由此说明我国地方间的财政竞争转变为税收优惠竞争基础上的支出竞争。[⑤] 而彭芳梅和孙久文却得出相反的结论，认为吸引 FDI 流入本地后，通过 FDI 引发的正外部性、制度规范以及经济增长下的公共服务水平与需求提升，能够在经济发展到特定阶段促进政府实现职能转变，向服务型政府的方向不断推进，因此 FDI 的引入有利于增加地方财政性基本公共服务支出。[⑥]

Qian 和 Weingast 提出了"市场维护型"的财政联邦主义理论，认为在中国式财政分权的制度框架内，税收竞争对地方财政支出偏好产生了影响。[⑦] 增加税收收入的动机激励地方政府在配置支出资源时偏向于基础设施建设，这虽有助于经济增长，但资源的有限性决定了在这种倾向下必然会挤占投入到公共服务领域的财政支出。该理论试图打开地方政府这一"黑箱"，聚焦我国财政竞争与经济增长

① 傅勇，张晏．中国式分权与财政支出结构偏向：为增长而竞争的代价［J］．管理世界，2007（3）：4-12，22.

② 张军，高远，傅勇，等．中国为什么拥有了良好的基础设施？［J］．经济研究，2007（3）：4-19.

③ 沈坤荣，付文林．税收竞争、地区博弈及其增长绩效［J］．经济研究，2006（6）：16-26.

④ 张辽，宋尚恒．政府竞争、要素流动与产业转移：基于省际面板数据的实证研究［J］．当代财经，2014（3）：21-28.

⑤ 张恒龙，陈宪．财政竞争对地方公共支出结构的影响：以中国的招商引资竞争为例［J］．经济社会体制比较，2006(6)：57-64.

⑥ 彭芳梅，孙久文．财政分权、FDI 与基本公共服务供给［J］．学习与实践，2014（3）：11-18.

⑦ Qian Yingyi，Weingast B R. China's transition to markets：market-preserving federalism，Chinese style［J］. Journal of Policy Reform，1996，1（2）：149-185.

之间的关系。但是，“速成式”的发展模式对民生需求的重视相对不足，加上长期以来我国以流转税为主体的税制结构不可避免地带有一定的制度惯性，导致地方政府间税收竞争对基本公共服务的影响多是间接的，对民生事项的考量往往被纳入到吸引资本要素流入所带来的附属效应中。

现有的关于地方政府间税收竞争对基本公共服务影响的研究存在局限性。具体包括：地方政府间税收竞争的测度指标多为FDI，用地方政府吸引外资的数量作为地方政府间税收竞争的代理变量；对基本公共服务供给的考察多是基于投入角度，即考察基本公共服务支出；研究结论并不一致，但大多数研究认为税收竞争导致地方政府支出结构发生偏向，即降低了民生类基本公共服务的支出水平。

2.3.2 地方政府间支出竞争对基本公共服务影响的研究综述

支出竞争作为地方政府间竞争的重要形式，近年来在地方政府行为分析中的角色越来越凸显。支出竞争的目的是吸引流动要素，通过增加财政支出能够提高公共服务的供给水平，从而获得更多的投资，因此地方政府在保证公共服务供给质量方面的积极性提升，有助于地方公共服务供给的优化。在国外研究中，Stiglitz 和 Dasgupta 较早地关注辖区间竞争与公共服务供给二者之间的关系，认为分权体系为地方政府间竞争提供了前提和基础条件。他们与 Tiebout[①] 的

① Tiebout C M. A pure theory of local expenditures [J]. Journal of Political Economy, 1956, 64 (5): 416-424.

观点一致，认为地方政府围绕提供较高水平的公共服务展开竞争，将较高水平的公共服务作为吸引要素流入的重要条件。[①]Wilson 和 Gordon 在研究辖区政府间税收竞争的基础上，发现分权体系下为了吸引居民流入展开的竞争有助于减少政府对财政资源的浪费，辖区间的支出政策竞争提高了居民效用，优化了公共产品供给，且一般优于辖区间合作情形下的供给水平。[②]

目前，国内对支出竞争的探讨主要是围绕其对支出结构的作用，以及对基本公共服务支出产生的影响。例如，傅勇和张晏认为，由于为增长而支出的竞争固化了重经济轻民生的财政资源配置格局，因此在财政资源配置上，地方官员倾向于在那些可以短期内对经济增长产生贡献的领域增加财政支出，相反对于那些具有一定正外部性、短期内不能呈现政绩的领域则分配较少的财政资源，如科教文卫领域，最终导致基本公共服务供给不足。[③] 赵勇和陈明艺认为，支出竞争对居民福利产生的影响是分阶段的，初期阶段以吸引资本要素为主要任务的支出竞争对居民福利提升有阻碍作用，而当发展到吸引资本要素、人才要素以及进行制度完善的阶段时则对居民福利提升有促进作用。[④] 通过上述研究可以发现，地方政府间支出竞争对基本公共服务产生的影响是非常复杂的，支出竞争能够使基本公共

① Stiglitz J E，Dasgupta P. Differential taxation，public goods and economic efficiency [J]. Review of Economic Studies，1971，38（114）: 151-174.

② Wilson J D, Gordon R H. Expenditure competition [J]. Journal of Public Economic Theory, 2003, 5（2）: 399-417.

③ 傅勇，张晏 . 中国式分权与财政支出结构偏向：为增长而竞争的代价 [J]. 管理世界，2007（3）: 4-12，22.

④ 赵勇，陈明艺 . 财政支出竞争演进对居民福利水平的影响分析 [J]. 山东财政学院学报，2010（4）: 67-72.

服务领域的财政投入增加，同时也可能使支出结构产生偏向，从而带来负面影响。另外，竞争行为还会产生预料之外的政策后果，如通过经济社会各领域的传导作用而带来的间接效应。

在操作化层面，现有关于地方政府间支出竞争效应的研究在模型设定方面存在较大差异。例如，李涛和周业安试图考察地方政府间支出竞争对经济增长的影响，而根据其空间计量模型的设定，衡量的是其他地区支出决策对本地经济增长产生的影响，考察的是财政支出的外溢效应。① 席小瑾等研究财政竞争对基础设施投资效率的影响，将地方财政支出占比作为地方政府竞争的代理变量，考察的是本地财政支出水平对基础设施投资效率的影响。② 另外，柯善咨和尹靖华的研究主题与本书相类似，他们认为同省区内的城市在基本公共服务支出政策方面存在策略互补式的竞争行为，民生类公共支出竞争提高了省区内民生类公共服务水平。③ 该研究运用空间计量经济学模型分析了地方政府间支出竞争对民生类公共服务水平的影响，但未对支出竞争背后的激励机制进行分析，以及缺乏基于空间层面对异质性的探讨。

总的来看，上述研究存在以下局限性：一是地方支出竞争变量的测量方式存在一定局限性；二是虽然运用空间计量学工具来分析地方政府在财政政策上的策略互动，为政府间竞争行为的刻画提供了

---

① 李涛，周业安. 财政分权视角下的支出竞争和中国经济增长：基于中国省级面板数据的经验研究［J］. 世界经济，2008（11）：3-15.

② 席小瑾，梁劲锐，杨建飞. 地方财政竞争是否提高了公共基础设施投资效率？［J］. 华东经济管理，2017（12）：114-123.

③ 柯善咨，尹靖华. 民生目标下政府的支出竞争和福利效应［J］. 统计研究，2016，33（7）：11-18.

重要的角度，但是现有文献在研究地方政府支出政策竞争的效应时，在模型设定上存在一定局限，且缺乏关于地方政府支出政策的策略互动对基本公共服务影响的分析。

第 3 章　地方政府间支出竞争影响基本公共服务质量的路径分析

本章一是从应然角度出发，探讨地方财政的民生属性、公共性与基本公共服务供给之间的关系，指出政府职能的转变与服务型政府的建设需要基本公共服务的充分、均衡发展；二是基于地方政府间竞争的角度，探讨地方政府的财政支出行为对基本公共服务质量的影响路径。在此基础上，构建本书的理论框架，并在后续章节进行相应的实证分析。

3.1　地方财政与基本公共服务

3.1.1　基本公共服务的政府供给

首先，基本公共服务具有公共产品的属性。公共产品和服务具有一定程度的非排他性以及非竞争性，同时拥有上述两种特性的公共产品称为纯公共产品。另外还存在准公共产品，即公共池塘资源（呈现出非排他性和竞争性）和俱乐部产品（呈现出排他性和非竞争性）。作为全国第一部基本公共服务总体规划，《国家基本公共服务体系“十二五”规划》对基本公共服务的范畴进行了界定，即基本公共服务是保障全体公民生存和发展基本需求的公共服务。规划所涉及的基本公共服务类型中，除了环境保护服务之外，其余的均可做到一定程度上的技术性排他，因此其并非标准概念上的公共产品。然而，基本公共服务均有一定程度的正外部性，由市场机制供给存在一定局限性，因此需要政府财政支出予以保障，从而为基本公共服务均衡充分供给提供有利条件。

其次，提供基本公共服务是建设服务型政府的重要内容，是政府职能转变的重要环节。在不同的历史发展阶段，政府所扮演的角色以及履行的职能会有所调整。当前，市场在资源配置中发挥决定性作用，政府在微观经济事务直接管制中的角色应当淡化，而在提供公共服务和创造良好环境方面的作用应当加强。服务型政府建设的重要内容是兜住民生底线，基本公共服务作为保障民众基本生活需要的公共服务应作为重点予以支持。因此，推动服务型政府建设，提升基本公共服务质量，需要财政资金保证基本公共服务的充分供给。

最后，民生水平的改善和基本公共服务的充分供给，有助于实现社会公平与正义。加耳布雷思提出应构建丰裕社会（The Affluent Society），强调在追求经济增长的同时不可忽视社会发展，认为如何兼顾效率与公平是政府在实践中需要不断探索的重要议题，即在实现物质财富极大增长的过程中，要考虑如何通过分配促进社会公平。[①] 财政投入通过为每个公民供给平等的教育、医疗、社保、就业

① 加耳布雷思 . 丰裕社会［M］. 徐世平，译 . 上海：上海人民出版社，1965.

等基本公共服务，从而在一定程度上保证起点上的公平，并最终为社会公平的实现创造特定条件并发挥重要作用。如果环境质量较差、基础设施落后、学校入学率较低等，那么这种情况下的 GDP 增长是不可持续的。尤其是在当前我国发展不平衡、不充分的背景下，为了构建丰裕社会，政府应为基本公共服务质量提升提供充分的财政保障。

3.1.2 地方财政的民生属性

财政是为了满足公共利益和公共需要的资源分配活动，因其公共属性又被称为公共财政。财政和政府职能存在较强的内在关联，政府的角色定位决定着支出资源的配置，财政是政府职能实现的重要物质基础，政府的任何政策（包括政府做与不做的行为）活动和目标均会体现在政府的财政支出安排上。这是因为，政府职能的履行都需要财政资金的支出，没有财政的支持，政府的政策只能停留在构想阶段，无法得到有效实施。马斯格雷夫（Musgrave）提出财政有三个职能：收入分配职能、稳定职能、资源配置职能。[①] 收入分配和稳定职能的优化由中央政府来承担，而地方政府则在资源配置领域担任重要角色。由于地方公共部门管理者更了解本地区的公共服务偏好，因而能够提高公共服务的供给效率，带来福利收益的较大提高。为了转变政府职能、构建服务型政府，地方政府作为财政支出行为的载体，应成为公共产品和公共服务的高效

① Musgrave R A. The theory of public finance［M］. New York：McGraw-Hill Book Company，1959：3-27.

提供者。

2006 年 10 月，《中共中央关于构建社会主义和谐社会若干重大问题的决定》首次提出逐步形成惠及全民的基本公共服务体系，把“建设服务型政府”作为重要内容，表明中央开始对基本公共服务供给给予重视。建设服务型政府同样需要以民为本，维护社会公共利益，因此，服务型政府建设与基本公共服务质量提升需要地方财政活动的有效支持。

政府在不同的职能导向下往往呈现出不同的财政行为偏好。关于财政的发展导向，已有研究主要有以下两种观点：一是财政为市场服务，财政在传统定位中被纳入经济学范畴，主要关注市场经济条件下公共产品的供给问题；二是财政为强国服务，刘晓路认为现代财政制度的建设“以增强国家能力”为第一要务①。本书认为，财政尤其是地方财政应为民生服务。财政联邦主义理论认为，地方政府相对于中央政府在公共服务供给方面具有较强的信息优势。因此，为了增强我国财政的公共性，富民应成为财政的发展导向，不断增强财政的民生属性，不断解决人民群众所关心的教育、医疗、社保和就业领域的社会性难题。

财政回归公共性的提出是以传统计划经济条件下带有“生产建设性”特征的财政为背景的。公共性是财政这一概念的本质属性，其在不同的历史发展阶段的表现形式和程度各不相同。现有的很多研究对公共财政与民生财政两个概念做了区分，本书认同贾康等的

① 刘晓路. 现代财政制度的强国性与集中性：基于荷兰和英国财政史的分析 [J]. 中国人民大学学报，2014，28（5）：2-10.

观点，即民生财政不可能是游离于或是作为替代物而对立于“公共财政”的另一事物，公共财政其实就是民生财政[①]。在当前建设服务型政府的过程中，财政应回归其公共性，尤其是在地方政府层级，地方财政应以满足人民群众的美好生活需要为主要发展导向，这与民生财政的理念不谋而合。

因此，政府职能的转变与服务型政府的建设要求进一步促进地方财政回归公共性与增强民生性，通过优化地方财政支出资源的配置格局来促进基本公共服务的充分均衡发展。

3.1.3 政府间财政竞争方式转变与对基本公共服务的重视

我国地方政府间竞争的方式已经逐渐由税收优惠政策竞争转变为财政支出政策竞争，并开始向注重基本公共服务和社会绩效倾斜。

我国的公共财政体系已经由计划经济体制下的生产建设型财政转变为社会主义市场经济体制下的公共服务型财政，财政功能的转变会进一步对地方政府的行为方式产生影响。不管激励机制为自上而下方向还是自下而上方向，地方政府之间都存在着某种程度的竞争，而这种竞争体现在多个方面及领域。

以提供优质的地方公共产品和公共服务为主要特点的财政支出竞争将逐步成为各地财政竞争的主要手段。[②]既然公共财政体系已经从服务于国民经济计划和国有企业运行，转变为社会主义市场经济

① 贾康，梁季，张立承．“民生财政”论析［J］．中共中央党校学报，2011，15（2）：5-13.
② 踪家峰，蔡伟贤．中国地方财政支出趋同研究［J］．财贸经济，2008（7）：41-45.

条件下为公共服务供给提供财政保障，那么相对应地，生产建设型财政下以税收优惠为主要政策工具的税收竞争所能发挥的作用日益有限，政府间提供税收返还、地价优惠的竞争越来越不可持续，对税收优惠政策的规范日益加强。在这种情况下，地方政府利用税收优惠政策来大量拉动外资的现象将逐渐减少，地方官员将竞争的焦点转移到支出政策竞争方面。

3.2　地方政府间支出竞争对基本公共服务质量的影响机理

在我国政治集权、财政分权的制度框架下，同级地方政府间的行为必然存在互动。从职能上来看，地方政府间的竞争之所以能够存在，与地方政府供给公共物品的职能是分不开的。[①] 那么，地方政府间支出竞争对基本公共服务供给究竟产生的是促进作用还是阻碍作用？对这个问题的回答要考虑多方面的因素，例如，处于竞争关系中的地方政府的目标、竞争的内容、竞争的手段、委托人的行为（尤其是面对代理人的财政刺激时的流动性）、环境的特点（特别是政府行为下辖区间外部性存在的可能）。本书试图从标尺竞争的角度出发探讨地方政府支出政策的策略互动，进而明确地方政府之间是否存在支出竞争，在此基础上分析该支出竞争行为对基本公共服务质量的影响。

① 刘汉屏，刘锡田 . 地方政府竞争：分权、公共物品与制度创新［J］. 改革，2003（6）：23-28.

3.2.1 地方政府间支出竞争的理论模型

地方政府间支出竞争与支出政策空间策略互动之间存在密切关联。现有研究多是利用空间计量经济学工具来分析地方政府财政政策的空间策略反应函数，考察空间自相关系数，从而明确地方政府之间是否存在支出竞争行为。如果空间自相关系数显著为正，表明地方政府之间存在相互模仿的策略互动（或者称为策略互补）；如果空间自相关系数显著为负，表明地方政府之间存在差异化的策略互动（或者称为策略替代）。[①] 上述结果便是我国地方财政政策横向策略互动的两种表现。

这种财政政策空间自相关和策略互动的原因是多元的，从理论上来看，空间自相关有可能源于政策溢出效应机制，或者要素流动下的政府间财政竞争机制，也有可能源于基于信息外溢效应的标尺竞争机制。而无论是源于上述哪种理论机制，都将会呈现地方政府财政政策策略互动的反应函数，函数中本地财政政策除了受本地经济社会因素影响之外，还会受到其他地区财政政策的影响。下面就上述几种理论模型分别进行阐述。

财政政策的溢出效应理论。在溢出效应模型中，辖区内的居民不仅消费着当地政府供给的公共产品和服务，而且享受着其他辖区政府所供给的公共产品和服务。Case、Rosen 和 Hines 提到，州际政府的支出水平受益于溢出效应，例如：本地在道路方面的支出可能给

① 王美今，林建浩，余壮雄. 中国地方政府财政竞争行为特性识别："兄弟竞争"与"父子争议"是否并存？[J]. 管理世界，2010（3）：22-31.

邻近地区会使用到这条道路的居民带来益处；一个州的教育支出可能对其他州的居民效用产生影响，因为子女长大后可能迁移出其入学的州，受教育良好的劳动力通过销售他们的产出来与其他州的劳动力进行竞争。[①] 这种溢出效应不仅出现在地理位置邻近的地区。例如，一个地区的教育支出很可能对那些具有相似经济或者人口特征的州的劳动力市场产生重要影响。但是，在这种背景下，应该注意的是人们所能观察到的仅仅是政府的行为活动，而不是消费者的潜在财政政策受益溢出效应。这种受益溢出效应不易观察，并且这种受益溢出效应模型实际上衡量的是受益溢出的大小对财政支出的影响，而非政府支出政策的策略互动。

地方政府间财政竞争理论。Tiebout[②] 提出了地方财政支出的纯理论，即蒂布特模型（Tiebout Model），又称为"以足投票理论"（Vote by Feet），论述了地方政府试图提供特定的公共服务和财政收支模式组合来吸引人口迁入居住以达到最优规模，居民通过用脚投票机制流动到能够符合自己需求的地方。因此，财政竞争行为的发生源于地方政府对流动资源退出的担忧。地方政府为了吸引资本或者人口要素流入本地，除了降低税收负担外，还可以采取的一个重要竞争方式便是通过调整支出政策来提供较高水平的公共产品或服务，从而吸引劳动力或者资本要素流入并稳定下来。但是，在中国的实践中，单纯为吸引资本要素流入而采取的不管是税收优惠政策竞争，

① Case A C，Rosen H S，Hines Jr J R. Budget spillovers and fiscal policy interdependence：evidence from the states［J］. Journal of Public Economics，1993，52（3）：285-307.

② Tiebout C M . A pure theory of local expenditure［J］. Journal of Political Economy，1956，64（5）：416-424.

还是资源有限条件下的经济性公共服务支出竞争，均对民生类基本公共服务供给产生了消极的影响。

地方政府间的福利竞争模型。地方政府间的福利竞争是由人口的流动和迁移所引发的，基于福利受众的流动性，福利政策的分权化将会产生策略性的财政行为，福利竞争可以被视为基于要素流动的、排斥低收入劳动力要素流入的财政竞争的另外一种反向形式。Brueckner 指出，在地方政府间福利竞争的理论模型中，辖区政府将支出水平而非税率作为策略变量进行纳什博弈，并使模型延展到美国州政府的福利项目支出政策上。① 在这种情况下，州政府并不是为了吸引税基而竞争，而是为了排斥福利接受者，留住相对高收入的居民而竞争，因此得出与蒂布特模型相反的结论：蒂布特模型下的财政竞争是源于资本的自由流动，而福利竞争是源于高低收入人口的自由流动。当福利收益的配置权力下放到地方政府时，基于福利迁移的动机，低收入人口趋向于流入到那些高福利供给水平的辖区，进而导致各辖区为了避免低收入人口的大量涌入趋向于降低福利的供给水平。这种情况造成了既定制度安排下的福利逐底竞争（Race to the Bottom），即当邻近地区降低福利水平时，该地区也会选择降低福利水平，从而造成福利水平的逐底竞争效应。在相关的实证研究中，Saavedra 通过美国的 AFDC 福利项目来分析州政府之间的策略行为。② 该研究对福利竞争产生来源的不同理论分析框架予以解释，阐

① Brueckner J K. Welfare reform and the race to the bottom：theory and evidence［J］. Southern Economic Journal，2000，66（3）：505-525.

② Saavedra L A. A model of welfare competition with evidence from AFDC［J］. Journal of Urban Economics，2000，47（2）：248-279.

述了在福利迁移背景下福利收益的相互依赖是如何产生的，并通过空间计量工具实证分析得出州政府之间存在福利竞争的结论。Fiva 和 Rattsø 探讨了挪威的福利竞争情况，发现地方政府的福利水平呈现出策略互补的特征，只是空间滞后项系数的大小不同。[①] 该研究认为，地方政府间的策略互动和空间效应并不必然导致公共服务的供给不充分。一是因为策略互补意味着当其他地区的福利支出水平较低时，为了避免低收入人口流入，该地区也会趋向于降低福利支出水平；而当其他地区的福利支出水平提高时，该地区在不用担心吸引过多福利接受者流入的情况下很有可能提高福利支出水平。二是因为上级政府的补助可能会产生公共服务的过度供给。

基于信息外溢效应的标尺竞争理论。最初，标尺竞争被引入到私营企业和国营企业的绩效提升过程中，通过寻找相似的标杆作为成本比较的对象，从而为降低成本提供有效的激励。Besley 和 Case 随后对公共部门的标尺竞争进行了系统的开创性论述。[②] 标尺竞争基于信息外溢效应，能够解决委托人和代理人之间信息不对称所带来的管理性难题。具体到财政领域，“邻居”政府的财政政策会影响处于信息劣势的选民对于代理人即当地政府的能力的判断，地方辖区内的选民可以将其他地区政府的绩效作为标尺来对本地政府服务的质量和效率进行更多的了解和衡量，从而能够防止出现代理人浪费资源以及滥用权力的情形。因此，在标尺竞争机制的作用下，地方

① Fiva J H，Rattsø J. Welfare competition in Norway：norms and expenditures [J]. European Journal of Political Economy，2006，22 (1)：202-222.

② Besley T，Case A. Incumbent behavior：vote-seeking，tax-setting，and yardstick competition [J]. American Economic Review，1995，85 (1)：25-45.

政府为了获取竞选连任的机会往往倾向于以“邻居”为标尺并采取模仿邻近地区财政政策的策略性行为，这就是自下而上方向的标尺竞争。

地方财政政策之间存在空间层面的策略互动，背后的原因无外乎以上几种。从我国地方间竞争模式的转变中可以发现，地方财政政策竞争的重点已经从税收优惠转移到支出政策上来。因此，本书关注的重点在于横向地方政府间的支出竞争，表现为财政支出政策的空间策略互动，即地方政府财政支出行为的相互依赖，而这种相互影响究竟是源于上述哪种理论机制呢?

第一，政策受益溢出效应分析。在实践中，人们所能观察到的仅仅是政府的行为活动，而不是消费者潜在的财政政策受益溢出效应。由于这种受益溢出效应的不易观察性，加上财政政策的受益溢出效应模型实际上衡量的是受益溢出的大小对本地财政支出的影响，而非政府支出政策的相互影响，因此本书不采用政策受益溢出效应模型来分析地方政府财政政策的相互关系。

第二，财政竞争机制分析。文献综述中相关研究得出的结论是，地方政府在经济性支出方面存在互补型的财政支出模仿竞争，而根据公共服务支出的空间策略互动反应系数却得出并不一致的结论。在财政分权背景下，为了吸引流动性资本要素，我国地方政府采取了以“为增长而竞争”为特征的行为模式，即依靠资本要素流动下的用脚投票机制，但由于户籍制度的管控和附着在户籍上的基本公共服务门槛限制，劳动力要素自由流动下的基本公共服务支出竞争机制尚不健全。虽然地方政府为吸引高技能劳动力会提供较高水平的公共服务，但往往集中于有利于流动性要素的经济性公共服务，而非有利于非流动居民的民生类基本公共服务，由此产生了要素流动下的生产性支出竞争而非基本公共服务支出竞争。

第三，福利竞争机制分析。在福利竞争模型中，为了阻止低收入人口的流入，各地方政府竞相降低福利支出水平，从而呈现逐底竞争的状态。但需要注意的是，辖区政府为了防止低收入人口的流入，保护自身的利益，除了降低整个地区的福利支出水平之外，还可能会限制公共产品的享受资格，这通常是通过限制居住身份来实现的。在这种情况下，福利支出变成了俱乐部产品，因为具有排他性，有可能排除部分人消费，那么这种行为将会降低低收入人口流入的激励，结果可能是相比没有排他的情况产生更高的福利水平，类似的限制性举措在美国历史上非常普遍。资格情况的存在可能部分解释为何实证研究中并没有发现福利受益的差异对低收入人口迁移存在较大影响。① 由于我国户籍制度的管控，人口的自由流动受到限制，特别是经济发达的省份，基本公共服务的享受资格与户籍紧密关联，拥有户籍才能享受当地政府供给的民生类基本公共服务②，因此福利竞争模型不适用于分析我国地方政府的基本公共服务支出行为。

第四，标尺竞争机制分析。中央政府在顶层设计中越来越注重服务型政府的建设与基本公共服务的充分均衡发展，在对地方政府的绩效考核中越来越关注基本公共服务的改善，因此，地方政府在

① Ferrreira S G，Varsano R，Afonso J R. Inter-jurisdictional fiscal competition：a review of the literature and policy recommendations［J］. Revista De Economia Política，2005，25（3）：295-313.

② 钱金保，才国伟 . 地方政府的税收竞争和标杆竞争：基于地市级数据的实证研究［J］. 经济学（季刊），2017，16（3）：1097-1118.

财政支出政策上有可能存在晋升考核激励条件下自上而下的模仿式标尺竞争。如果发现邻居辖区之间在财政政策上存在关联，而且能够呈现信息外溢的作用机制，那么地方政府财政政策的空间相关性结果将被认为是标尺竞争效应发挥作用的证据。

3.2.2 我国地方政府支出政策的标尺竞争分析

本书关注的重点在于横向地方政府间的支出竞争，表现为财政支出政策的空间策略互动和相互依赖。那么，地方政府在基本公共服务支出上是否存在自上而下方向的标尺竞争呢？对这个问题的回答必须置于我国政治集权与财政分权的制度框架内，认识到地方政府作为代理人面对具有双重委托人的境况。中央政府的分权改革把原来中央和地方政府之间的单向政治依赖关系转变为双向的委托代理关系，地方政府既是中央政府的代理人，又是辖区居民的代理人。[①] 但是由于我国是政治集权式国家，地方政府官员的任免受到中央政府考核的很大影响，中央政府在奖励或者惩罚地方政府官员时处于强势地位，所以地方政府官员具有很强的政治责任感。为了增加政治晋升机会，地方政府往往更多关注中央的政策偏好，而非满足当地居民的公共服务偏好。因此，我国特殊的政治体制决定了西方国家自下而上方向的标尺竞争机制并不适用。

在我国，中央政府决策对地方政府行为具有非常大的影响，尤其是省级政府官员的任免决策。省级政府的领导者在特定的政治体

① 萧鸣政，宫经理. 当前中国地方政府竞争行为分析［J］. 中国行政管理，2011（2）：76-80.

系下有成套的职业规划，上级政府要对他们进行详细的绩效评价，并根据绩效评价的结果即是否实现了特定的目标来进行奖惩，晋升、降级以及与工作相关的赏罚均依赖于这种绩效评价。在这种政治体系框架下，中央政府面临如何激励地方政府的难题，尤其是当地方政府处于信息优势地位时。借鉴自下而上的标尺竞争理论，中央政府可以对各地方辖区的行为进行比较，从而评价其相对绩效，由此带来信息外溢角度下为了晋升而进行的标尺竞争。张晏等[①]、Caldeira[②]提出了“自上而下的标尺竞争”，从而对我国地方存在的辖区间竞争进行解释，即在信息不对称的情况下，中央对地方财政政策进行比较，从而克服政治委托代理关系中存在的信息不对称难题。接着，其他辖区信息的外溢会影响辖区内的公共服务供给，这就迫使地方官员进入标尺竞争的状态，关注其他地方官员的行为。根据 Besley 和 Case[③]、Caldeira[④] 的研究，以下为自上而下的标尺竞争理论的前提假定。

（1）代理人是地方政府，地方政府掌握的信息比中央政府更充分，中央政府处于信息弱势一方。

（2）委托人是中央政府，假定其使用其他地方政府的绩效信息作为标杆来评价该地方政府是否浪费资源以及是否胜任工作。

（3）规范地方官员的主要激励机制是再次任命和晋升。我国是

① 张晏，夏纪军，张文瑾．自上而下的标尺竞争与中国省级政府公共支出溢出效应差异［J］．浙江社会科学，2010（12）：20-26，74，125.

② Caldeira E. Yardstick competition in a federation：theory and evidence from China［J］. China Economic Review，2012，23（4）：878-897.

③ Besley T，Case A. Incumbent behavior：vote-seeking，tax-setting，and yardstick competition［J］. American Economic Review，1995，85（1）：25-45.

④ 同②.

政治集权式国家，地方官员的任免很大程度上受到中央政府决策的影响。

具体来看，由于委托人获取信息的成本很高，在信息获取方面处于劣势，因此以自我利益为中心的政治家会利用信息上的优势来损害委托人的利益。分权化的结构可以帮助缓解这一难题。由于委托人可以对不同地方政府的绩效进行比较性评估，这将会帮助他们更好地辨别哪些是好的政治家，哪些是糟糕的政治家。这个支持分权的论断是非常有趣的，因为它不需要依赖公众的自由流动和地方偏好的较大差异。在政治资源有限的情况下，委托人通过观察代理人努力的程度来对代理人施加外在压力，这种压力使得代理人之间形成了所谓的标尺竞争。①

因此，从理论上来说，当中央政府使用“邻居”的绩效信息来评估地方官员时，地方官员就被激励去模仿“邻居”的财政政策，以免被视为糟糕的地方官员，进而获得晋升。在自上而下方向的标尺竞争机制作用下，地方决策制定者会表现出策略互动（Strategic Interaction）状态，公共选择呈现出策略互补的特征（Strategic Complements）。

2006年10月，《中共中央关于构建社会主义和谐社会若干重大问题的决定》首次提出逐步形成惠及全民的基本公共服务体系，把“建设服务型政府”作为重要内容，表明中央开始对基本公共服务供给给予重视。国家发展战略的转变以及相应的顶层设计通过晋升考

① Besley T，Case A. Incumbent behavior：vote-seeking，tax-setting，and yardstick competition［J］. American Economic Review，1995，85（1）：25-45.

核机制而对地方官员形成激励，从而对地方财政支出偏好带来影响。但是地方政府在制定财政支出政策时具有一定的自主权，在财政支出的总量以及结构上存在一定的偏好。地方政府如果一味追求经济的高速增长而忽视社会的可持续发展，那么便会偏离中央的发展导向，在民生类基本公共服务上的支出水平就未必能够达到中央所期待的合理水平。所以，中央政府采取什么样的信息获取方式会影响代理人的行为。而中央政府在考核地方政府时，往往会根据相似辖区的财政支出政策进行衡量。这种相似性既涉及地理位置邻近，也涉及经济发展相似。两个地区的相似性越强，相互模仿的程度也会越高。所以，当邻近地区或者经济发展相似地区的基本公共服务支出增加时，该地区政府为了达到中央政府考核的要求，避免被评定为糟糕的政府，以及在晋升考核中争取优势，往往会采取策略互补的方式，模仿其他地区增加基本公共服务支出，从而呈现出地方政府间的基本公共服务支出竞争。由此，本书提出以下命题。

命题 1： 当地理位置邻近地区或者经济发展相似地区的基本公共服务支出增加时，该地区趋向于增加基本公共服务支出，因而地方政府在基本公共服务财政支出政策上呈现出策略互补的竞争行为。

3.2.3　地方政府间支出竞争对基本公共服务质量的影响分析

地方间支出的标尺竞争对基本公共服务质量具有促进作用，该作用是通过四种竞争效应来实现的，即通过支出竞争增加基本公共服务领域的投入资金、规范地方政府行为、促进财政支出效率提高以及促进地方基本公共服务供给创新，从而促进基本公共服务质量的提升。

地方政府基本公共服务支出的标尺竞争是策略互补式的模仿竞争，在政治晋升的考核压力下，这种模仿式竞争带来的是基本公共服务支出的趋好竞争而非趋底竞争，因此竞争的直接结果便是基本公共服务领域的财政投入增加以及对地方政府行为的约束与规范。

一是直接的投入效应。即财政支出数量增长带来的直接促进作用。地方政府拥有财政资源配置的职能，保证基本公共服务的充分供给是其重要任务。尤其是随着新一轮财税体制改革，地方财政实力和财政资源配置结构将极大地影响民生类基本公共服务的质量。从一般意义上来说，投入到基本公共服务领域的财政资金越多，那么就能为该领域的有效产出提供更多的财政保障。例如，Caldeira 发现，通过模型推导可以很直接地看出一个表现糟糕的政府的公共支出水平在标尺竞争的情况下会更高。① 由于基本公共服务是由政府提供，政府对基本公共服务的财政投入在相当程度上决定了基本公共服务的数量和质量，公共财政资源的分配及投入方式直接影响甚至决定基本公共服务均等化的程度。② 因此，标尺式的模仿竞争有助于激励地方政府增加基本公共服务领域的资金投入，进而为基本公共服务质量的提升提供财政保障。

二是直接的规范效应。Canegrati 认为标尺竞争会带来两种效应：

---

① Caldeira E. Yardstick competition in a federation: theory and evidence from China [J]. China Economic Review, 2012, 23 (4): 878-897.

② 项继权，袁方成. 我国基本公共服务均等化的财政投入与需求分析 [J]. 公共行政论，2008 (3): 89-123, 199.

一个是甄选效应，可以帮助委托人区分哪些是有效的政府，哪些是糟糕的政府；另一个是规范效应，可以迫使那些糟糕的政府去表现得像个有效的政府，有利于减少腐败或者提高效率。[①] 标尺竞争有助于节约委托人的管理成本，同级地方政府之间的相互关注与监督可以提高政府部门的运作效率，防止权力被滥用，减少地方政府的腐败行为和地方财政政策执行的偏差。但是资源的有限性决定了财政资金的投入不可能无限地增长，那么在既定的财政资源下，如何分配则涉及诸多因素。投入到一个领域的财政资金多了，那么投入到另一个领域的财政资金便会减少，因此当地方政府间的标尺竞争遇到财政资源匮乏的情况时，为了提高财政资金的使用效率，少投入多产出便是一条可行的路径。因此，通过提高财政支出效率以及基本公共服务的供给创新来提高政府的治理能力便成为应对竞争压力的一个重要选择。

三是间接效应之促进效率提升。标尺式的模仿竞争带来的直接结果是，当地方政府发现邻近地区或者经济发展相似地区的财政支出增加了，它也会增加财政预算支出，这种竞争是直接的。但财政效率具有潜在的不易观察性，体现在基本公共服务领域的各个方面和环节，而且人们对于财政效率的感受也具有一定程度的主观性。然而，地方政府财政支出的直接竞争导致财政效率也处于竞争状态。[②] 在标尺竞争的情境下，如果地方政府财政支出的总量受限，那

① Canegrati E. Political bad reputation [J]. MPRA Paper，2006.

② 才国伟，钱金保．中国地方政府的财政支出与财政效率竞争 [J]．统计研究，2011，28（10）：36-46.

么便会选择通过提高财政支出效率这一途径来间接促进基本公共服务质量的提升。例如，Urquiola认为，竞争可以提高政府效率，在分权化的体系下，较多的区域数量可以在不损失绩效的情况下减少支出。[①]Wilson和Gordon指出，地方政府之间的支出竞争不仅能够提高公共物品的供给水平和居民效应，而且还会减少财政资源的"浪费"。[②]因此，基本公共服务财政支出的标尺竞争能够带来财政效率提升的间接效应。

四是间接效应之促进供给创新。与支出竞争相伴随的是公共政策创新的理想环境以及公共产品供给和地方偏好的较好匹配。[③]例如，Hayes等通过研究发现，辖区政府出于竞争的压力会更有效地提高基本公共服务的供给水平，此外还会通过不断创新以寻找更有效的资源配置格局和多元化的公共服务供给模式。[④]因此，地方政府间策略互动的内容中除了财政支出政策外，还有服务供给方式的政策，这就是供给方式创新变革形成的标尺竞争。当其他地区实施基本公共服务供给创新政策时，该地区也会倾向于进行相应的制度创新。虽然政府担负着基本公共服务供给职责，但基本公共服务生产方式可以多元化，从而能够发挥多元治理主体的优势，进而提高供给效率，更有效地满足差异化的民生诉求。

① Urquiola M. Demand matters：school district concentration，composition，and educational expenditure [R]. University of California，Berkeley，Center for Labor Economics Working Paper，2000，No.14.

② Wilson J D，Gordon R H. Expenditure competition [J]. Journal of Public Economic Theory，2003，5（2）：399-417.

③ Ferreira S G，Varsano R，Afonso J R. Inter-jurisdictional fiscal competition：a review of the literature and policy recommendations [J]. Brazilian Journal of Political Economy，2005，25（3）：295-313.

④ Hayes K J，Razzolini L，Ross L B. Bureaucratic choice and nonoptimal provision of public goods：theory and evidence [J]. Public Choice，1998（1）：1-20.

命题 2：地方政府间支出的标尺竞争有利于基本公共服务质量的提升，即地方政府间支出竞争的程度越强，基本公共服务质量越高。

如果地方政府间财政支出竞争行为对基本公共服务质量产生促进效应，那么便会反过来进一步增强地方财政的民生属性，实现财政公共性的回归。基于上述路径分析，构建本书的理论框架，如图 3-1 所示。

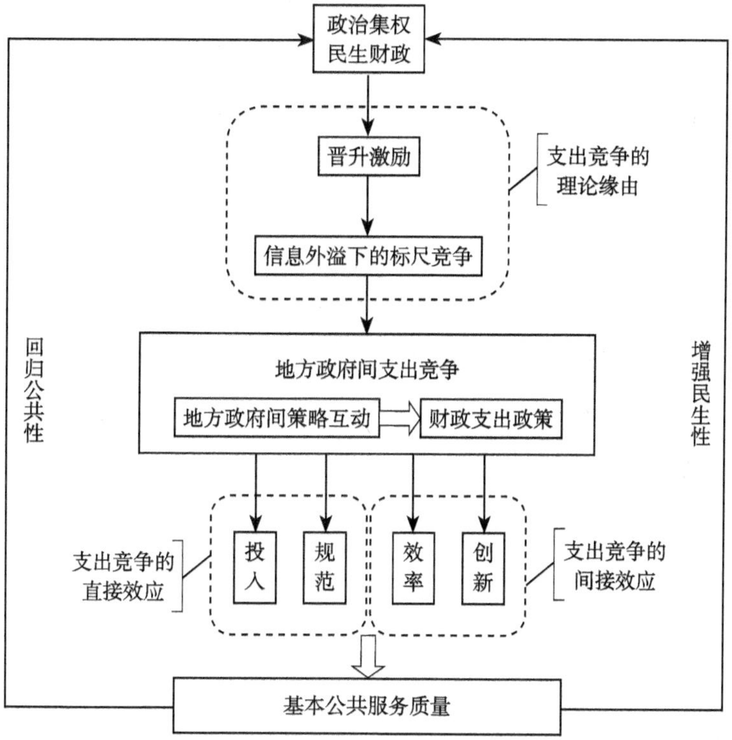

图 3-1　地方政府间支出竞争影响基本公共服务质量的理论框架

第 4 章　我国地方政府基本公共服务供给与质量测度

4.1　我国基本公共服务供给的发展历程

我国公共财政体系的发展历程实际上反映了我国政府施政重点的演变。政策的决策与执行是政府的基本活动，也是政府治理得以实现的途径。一方面，政策执行效果如何取决于相关的预算资源是否到位，政策的落实情况最终取决于相关预算政策的执行效果；另一方面，政策的决策过程必然会导致一定的政策成本，形成某种资金要求，制定与实施政策的过程同时也是预算管理的过程。因此，本书需要讨论基本公共服务供给的发展演变与公共财政政策的相应变化。

在计划经济体制下，我国的公共财政体系是服务于国民经济计划和国有企业运行的生产建设性财政。这一时期，政府职能涵盖社会发展的各个领域和方面，单位制特征突出，以单位为载体来提供各项公共服务。但财政资金的主要投向集中于基本建设方面，以实现经济的较快增长，而提供基本公共服务则长期被忽视。而且财政对不同的服务对象予以区别对待，国家通过户籍制度对人口实施管控。由于城市和农村户籍属性的不同，人们享有的福利待遇差别很大。在社会主义市场经济体制下，财政体系向为基本公共服务供给提供财政保障的民生性财政转变。这一时期，市场在资源配置中发挥的作用经历了从基础性作用向决定性作用转变的过程，政府的职能重点也做出了相应的调整。主要是政府在经济领域中的角色和定位发生变化，政府不再对微观经济事务进行直接管制，不再作为投资主体以及生产主体参与市场过程，而是致力于为市场机制运作提供良好的公共服务以及政策制度环境。同时，政府在社会发展领域中的作用越来越突出。2006 年，党的十六届六中全会通过的《中共中央关于构建社会主义和谐社会若干重大问题的决定》明确提出完善基本公共服务体系。而公共财政体系建设旨在通过保障公共物品和服务供给来满足社会的公共需要，促进社会的公平与正义。

随着人口流动规模越来越大，城镇化进程不断推进，基本公共服务均等化的呼声日益高涨，实现基本公共服务供给城乡间、区域间的均等化可持续发展成为政府职能的重要内容和施政的重要目标。然而 1994 年分税制改革过后，财权上移，事权下移，虽然中央与地方政府财权的划分比较清楚，但是事权划分不清晰，特别是县（区）级政府承担着大量的基本公共服务职能。财政资源的配置失衡，导致出现垂直的财政不平衡的发展困境，影响了基本公共服务均等化的进程。因此，在公共服务供给地方化的趋势下，地方政府财力与事权不适应、事权与支出责任不匹配的情况时有发生，资源的有限性容易导致财政支出结构的偏向或者扭曲。

随着中国特色社会主义进入新时代，我国社会主要矛盾转变为人民日益增长的美好生活需要和不平衡不充分的发展之间的矛盾，这就要求发挥财政在治理体系中的重要作用，不断完善财政保障体系。2018 年 1 月，《基本公共服务领域中央与地方共同财政事权和支出责任划分改革方案》出台，随后各个服务领域以及省以下的权责划分方案陆续发布，这意味着我国基本公共服务的财政保障体系进一步完善，同时意味着要建设民生财政，需要地方政府在民众生活的各个领域予以落实。

4.2 我国地方政府基本公共服务的供给概况

4.2.1 我国地方基本公共服务的发展情境

基本公共服务供给优化是地方政府职能的重要内容。在新时代中国特色社会主义时期，形势的变化给基本公共服务供给带来了新的机遇和挑战。

应对我国社会主要矛盾转变的需要。当前我国社会的主要矛盾已经转化为人民日益增长的美好生活需要和不平衡不充分的发展之间的矛盾，社会主要矛盾的变化要求逐渐缩小居民之间的收入差距，推动实现基本公共服务均等化，特别是地区间要协调充分发展。因此，为了解决好发展中存在的公共服务供给不平衡、不充分的问题，更好地满足人民在教育、医疗、社保等方面日益增长的需要，政府需进一步完善公共服务供给体系，有效解决教育的公平性难题以及医疗方面看病难、看病贵的顽疾等，并在安排财政资金时对公民的民生诉求多加关注。

人口老龄化背景下解决社会结构性难题的需要。一方面，由于我国人口老龄化的速度日趋加快，65 岁及以上的老年人口规模很大，人们对民生类公共服务的需求日益上升，尤其是对医疗卫生、社会保障等服务的需求十分旺盛；另一方面，伴随着人口生育政策的调整，如何应对新生婴儿增加所带来的公共服务需求增长，也是政府管理者需要深入思考并应对的难题。面对上述现实难题，公共服务财政支出存在刚性增长的压力，如何有效配置财政资金具有重要的现实意义，而资源的有限性决定了财政资源的配置涉及价值排序问题，服务型政府的建设需要政府优先保障民生需求。

经济新常态下助推供给侧结构性改革的需要。当前，我国经济发展进入了新常态，面临经济增速放缓、经济结构优化升级的压力与挑战。为应对经济新常态，我国政府适时推出了供给侧结构性改革方案。在区域结构方面，我国人口的区域分布不合理，人口与基本公共服务等资源不匹配。由于户籍制度这一历史发展的产物在我国根深蒂固，人口的自由流动受到一定限制。人口流动是为了追求更好的公共服务和生活，因此区域结构的发展需要公共服务供给体系的完善做支撑，目的是使广大人民群众公平地享受到发展成果。在投入结构方面，经济结构的优化升级需要人才、技术、知识、信息等高级要素的比重不断上升，从而对教育等公共服务提出了更高的要求。人才的培养以及后续的留人机制均与当地基本公共服务的供给质量有较为紧密的联系。在产业结构方面，需要促进产业的优化升级，大力发展高新技术产业，而结构转换所带来的一系列改革阵痛需要基本公共服务领域的改革予以缓解。例如，淘汰落后产能导致大量人员失业，而社会保障基本公共服务领域的改革能够助推产业结构优化升级的平稳过渡，如国务院决定适当降低社会保险费率，对应对经济新常态带来的挑战、减轻企业负担、提高基金使用效率具有重要意义。

中国特色社会主义进入新时代下转变政府职能的需要。经济新常态的“新”，不是不需要GDP，而是需要高质量发展的GDP，这是对以往地方政府官员“唯GDP”思维模式的修正。地方政府官员对经济增长的盲目推崇产生了诸多阻碍可持续性发展的难题，例如，地方政府依靠出让土地使用权获得财政收入的极大增长，并偏向经济性支出，导致地方基本公共服务供给不平衡、不充分。因此，地方财政治理体系的完善应将提升基本公共服务质量作为重要任务，这与政府职能转变的要求即建设服务型政府相呼应。党的十九大报告也明确提出新时期将建设人民满意的服务型政府，保证全体人民在共建共享发展中有更多获得感。

4.2.2 我国地方基本公共服务的供给状况

（1）公共教育服务情况。本书用以下几个指标来反映2007—2016年我国在公共教育服务方面的发展情况，即基础教育入学率或者升学率（学龄儿童净入学率、小学升学率、初中升学率）以及各阶段教育生师比（小学、初中、高中）。基础公共教育包括小学和初中阶段的九年义务教育，但当前随着公共服务供给水平的提高，部分地区将义务教育延伸到了高中阶段，因此本书将高中教育的供给情况也纳入分析中。

图 4–1 呈现的是 2007—2016 年我国基础教育入（升）学率情况。从图中可以明显看出：学龄儿童净入学率在这段时期比较稳定，保持在 99.9% 左右；小学升学率从 2008 年开始略有下降，但依然保持在 98% 左右；初中升学率虽然相对较低，但是呈现较强的增长势头，从 2007 年的 80% 增长到 2016 年的 94%。这说明我国义务教育的发展虽然已经取得阶段性胜利，但还未达到 100% 的完美目标，即所有适龄儿童均能接受完整的九年义务教育。值得注意的是，初中升学率在 2014—2016 年呈现略微下降的趋势，这一结果是诸多因素造成的。例如，在市场经济逐渐发达的今天，在一些地区尤其是农村出现了“上学无用论”，不少人不再相信“知识可以改变命运”，起码认为并不是改变命运的唯一途径，因此便出现了一定程度的初中辍学现象。

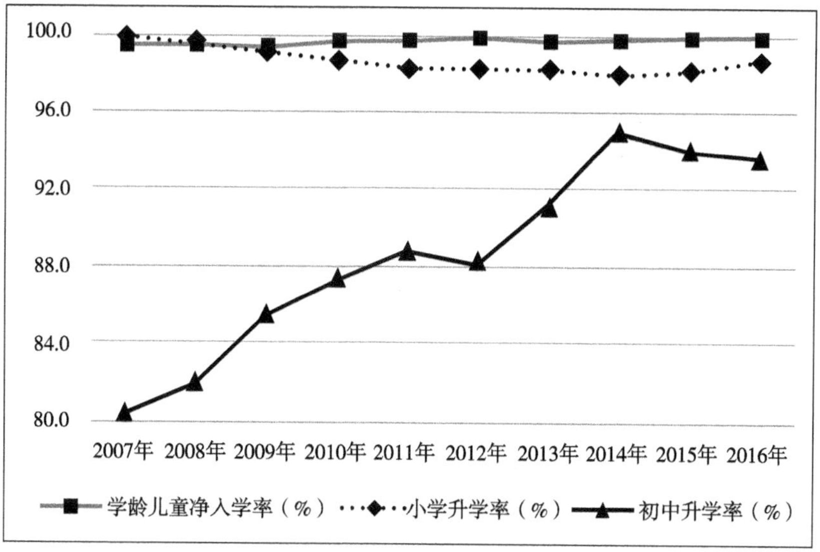

图 4–1　2007—2016 年我国基础教育入（升）学率

资料来源：中华人民共和国国家统计局数据库。

图 4-2 呈现的是 2007—2016 年我国各阶段教育生师比情况。从图中可以看出，除了小学生师比从 2013 年起略有上升外，整体上这一时期我国各阶段教育生师比均呈下降趋势。例如，初中生师比从 2007 年的 16.52 下降到 2016 年的 12.41。生师比的下降说明各阶段的教育资源不断丰富，分配给每个老师指导的学生在减少，那么每个学生可以更充分地与老师交流学习，表明公共教育服务的质量得到提升。

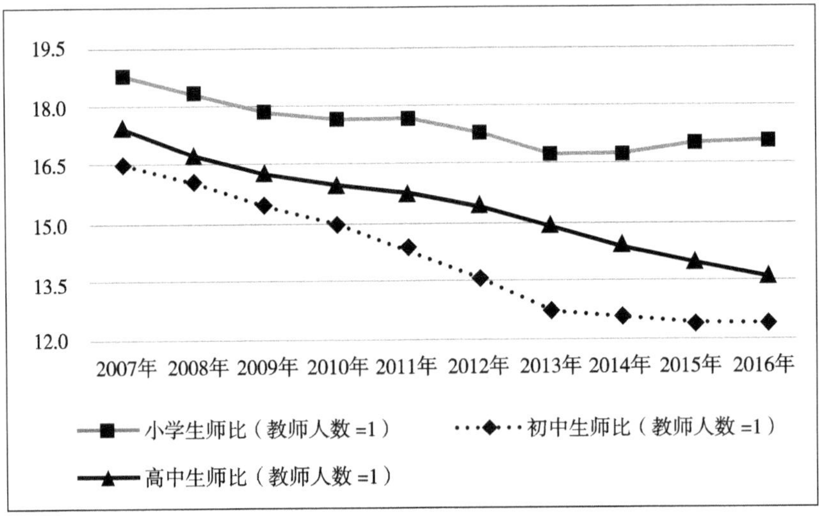

图 4-2 2007—2016 年我国各阶段教育生师比

资料来源：中华人民共和国国家统计局数据库。

（2）公共医疗服务情况。本书通过我国（城乡）每万人拥有卫生技术人员数、每万人拥有医疗卫生机构床位数来观察我国医疗卫生服务的供给情况。

图 4–3 呈现的是 2007—2016 年我国每万人拥有的卫生技术人员数以及城乡供给情况。从图中可以看出，我国每万人拥有的卫生技术人员数持续上升，表明卫生技术人员的数量在相对增长，为公共医疗服务水平的提升提供了良好的人员保证。需要注意的是，我国每万人拥有的卫生技术人员数是城市和农村综合后的数值，虽然可以反映我国整体的医疗服务水平，但是掩盖了城市和农村之间的较大差异。2007—2016 年，城市和农村每万人拥有的卫生技术人员数之间的差距呈扩大趋势，表明城乡之间在卫生技术人员数代表的医疗软件方面存在很大差距。我国公共医疗卫生服务供给不充分、不平衡的难题亟待通过医疗卫生制度的改革和政策体系的完善予以解决。

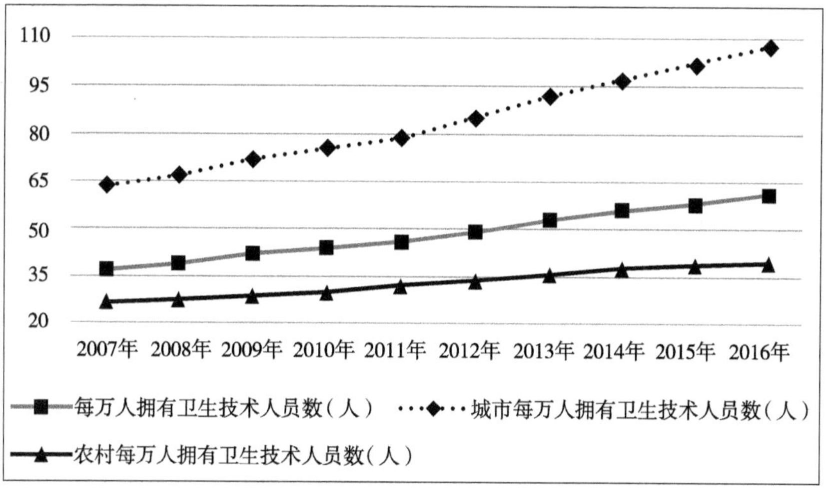

图 4–3　2007—2016 年我国（城乡）每万人拥有卫生技术人员数

资料来源：中华人民共和国国家统计局数据库。

注：人口是年末常住人口数。

图 4-4 和图 4-5 呈现的均是我国（城乡）医疗卫生机构床位数在 2007—2016 年的情况，后者剔除了城乡人口总量的影响。从

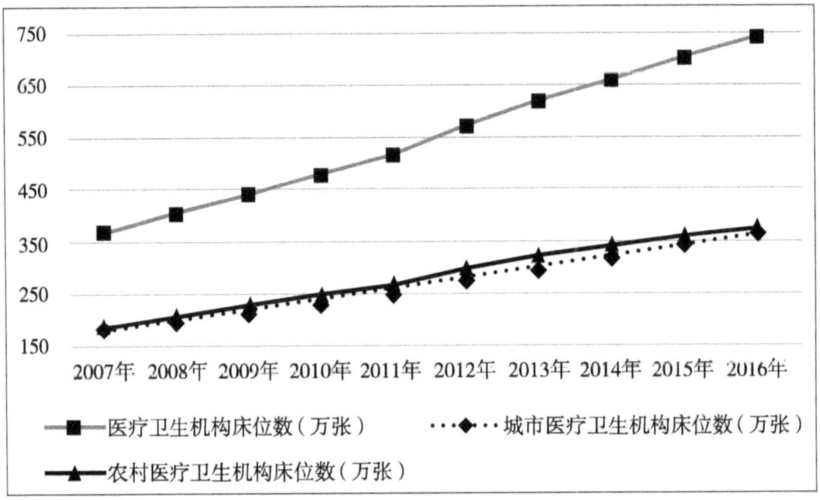

图 4-4　2007—2016 年我国（城乡）医疗卫生机构床位数

资料来源：中华人民共和国国家统计局数据库。

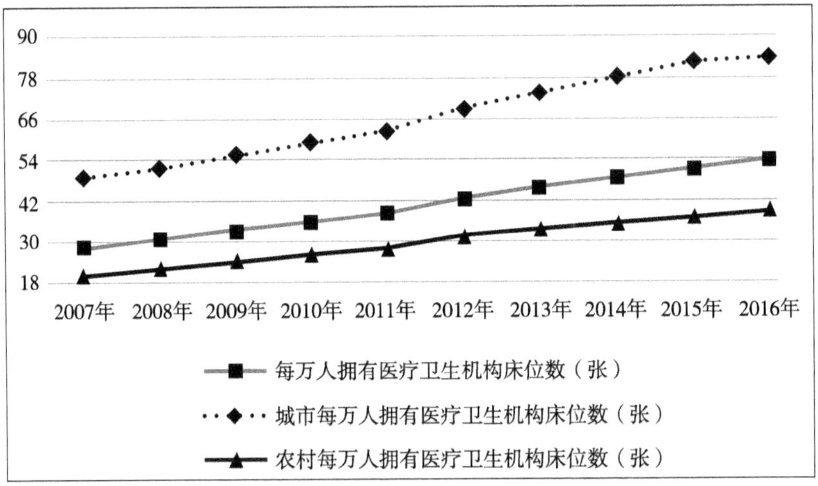

图 4-5　2007—2016 年我国（城乡）每万人拥有医疗卫生机构床位数

资料来源：中华人民共和国国家统计局数据库。

整体上看，我国医疗卫生机构床位数是逐年增加的。从图 4–4 中可以看出，城市和农村医疗卫生机构床位数在总量和增长率方面比较相似，城市医疗卫生机构床位数整体略低于农村。然而，剔除了人口规模的因素后，农村和城市之间的差距便清晰地呈现出来。可见，在医疗卫生机构床位数代表的医疗硬件方面，城乡之间的差距较大。

（3）社会保障服务情况。本书主要通过以下几个指标来反映 2007—2016 年我国社会保障基本公共服务的供给状况，即失业保险、工伤保险和生育保险的年末参保人数，城镇职工基本养老保险和医疗保险的年末参保人数，以及新型农村合作医疗参合率。

2007—2016 年，我国社会保障的覆盖范围呈现扩大趋势。截至 2016 年年底，基本养老保险、失业保险、工伤保险、生育保险参保人数已分别达到 8.88 亿人、1.81 亿人、2.19 亿人、1.85 亿人，比 2012 年年底分别增加了 9980 万人、2864 万人、2879 万人、3022 万人；基本医疗保险覆盖人数超过 13 亿人，基本覆盖全民。① 而且社会保障待遇水平也在不断提升，因此民众所能享受到的福利水平逐年提高，对于促进社会公平与正义具有重要意义。

图 4–6 和图 4–7 显示了我国社会保险的供给状况，其中图 4–6 呈现的是 2007—2016 年我国失业保险、工伤保险和生育保险的年末参保人数。从整体上看，我国参加失业保险、工伤保险和生育保险的人数逐年增加。其中，工伤保险的年末参保人数在 2007 年

① 郑秉文．既为企业减负，又为群众增福：我国社会保障改革成就卓著［EB/OL］．人民网，2017-10-23.

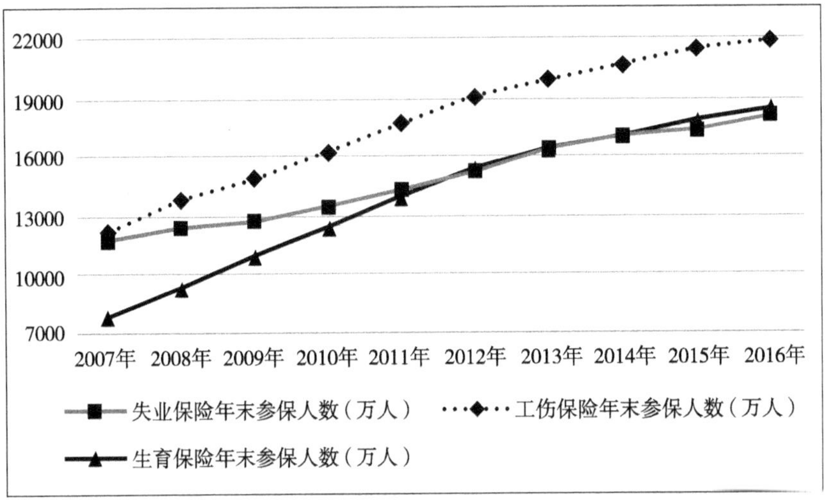

图 4-6 2007—2016 年我国失业保险、工伤保险和生育保险的年末参保人数

资料来源：中华人民共和国国家统计局数据库。

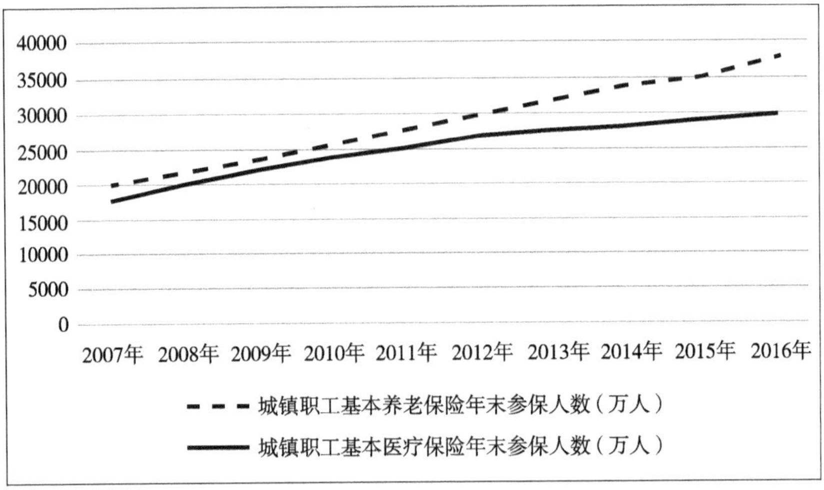

图 4-7 2007—2016 年我国城镇职工基本养老保险和医疗保险的年末参保人数

资料来源：中华人民共和国国家统计局数据库。

超过失业保险的年末参保人数，2016 年达到 21889 万人。失业保险的年末参保人数在 2011—2016 年与生育保险的年末参保人数基本一致，2016 年达到 18088 万人。图 4–7 呈现的是 2007—2016 年我国城镇职工基本养老保险和医疗保险的年末参保人数。从中可以看出，参加城镇职工基本养老保险的人数逐年上升，2016 年达到 37929 万人。城镇职工基本医疗保险的年末参保人数虽然也在持续增加（2012 年之后趋于平稳），但这一时期整体上少于基本养老保险的年末参保人数。总的来看，我国社会保险的覆盖范围有了一定程度的扩大。

图 4–8 显示的是 2007—2014 年我国新型农村合作医疗的参合率。从整体上看，新农合参合率呈现逐年提高的特征，2011 年后参合率保持在 98% 左右。这表明我国新农合几乎覆盖了所有农村村民，

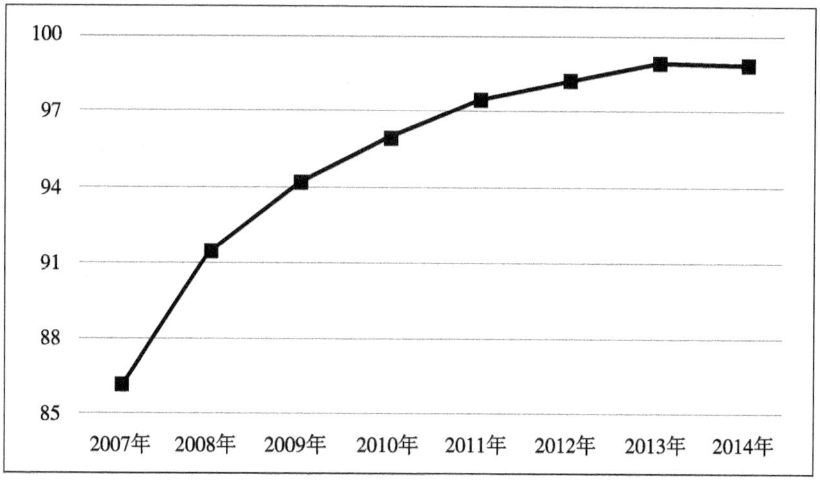

图 4–8　2007—2014 年我国新型农村合作医疗参合率

资料来源：中华人民共和国国家统计局数据库。

为农民获得医疗卫生服务提供了保障，有助于解决农村中“因穷致病，因病返穷”的难题。

另外，本书从三个方面剖析基本公共服务供给面临的发展困境，即基本公共服务供给不均衡、基本公共服务供给效率低下和基本公共服务满意度偏低。

基本公共服务供给不均衡。由于我国经济社会发展不平衡，各区域之间以及城市和农村之间在基本公共服务供给上存在较大的差别。在城镇化推进过程中出现过“急功近利”的现象，例如，新农村建设中农民“被上楼”，以及为了提高城镇化率鼓励农民进城，但是这种行政干预式的城镇化发展无法从根本上解决发展问题。由于农村许多公共服务项目的经费由乡镇落实，城市公共服务项目的经费由市（县）级财政承担，在市（县）级财政的财力相对有限的情况下，容易导致公共投入相对不足，出现城乡发展不够均衡的局面。[①] 政府基本公共服务供给存在“重城轻农”的现象，而户籍制度的改革不可能一蹴而就，户籍背后的基本公共服务和福利存在很大差异，由此导致供给对象受益的不公平。虽然基本公共服务能够满足一部分人的发展诉求，但公平性的缺失往往会引发其他群体的不满，容易造成社会失序。

由于各地区面临的政策情境不同，经济发展水平不一，资源、人口等多方面的因素存在差异，对各领域公共服务需求的关注度各不相同，每个时期公共服务的重点也有所不同，因此，人们对公共

① 金兴华．地方政府职能转变与财政运行机制再造［J］．地方财政研究，2008（11）：48.

服务的衡量标准也不一致。虽然不能对各地进行“一刀切”式的管理，但均等化概念的提出旨在保障满足全体公民基本生存和发展需求的基本公共服务，将区域间的差距控制在社会发展可承受的范围之内。需要注意的是，基本公共服务均等化不是搞平均主义，而是首先要求在基本民生托底事项上要有统一的制度安排，进而要追求基本公共服务在不同区域对全体公民的使用价值形态趋于大体一致。[①]因此，各地区基本公共服务的财政投入及相关的转移支付力度要视当地的具体情况而定。

基本公共服务供给效率低下。从财政方面分析，基本公共服务发展不平衡、不充分的问题之所以出现，原因主要在于财政资源配置不合理和财政投入产出效率较低。首先，基本公共服务供给缺乏针对性，资源配置不均衡，导致基本公共服务供给拥挤性与闲置性并存。中央倡导建设“服务型政府”，并根据相应的事权划分，通过专项转移支付或基本公共服务政绩考核机制激励地方执行中央的决策，但在政策执行过程中出现了“一刀切”的现象，例如，在农村和边远山区等提供的图书馆等基础设施无人使用，在浪费资源的同时又无法精准满足当地民众的需求。目前，国内基本公共服务供给的数量得到了一定的保证，但是质量还有待提升。例如，在基本医疗卫生服务领域，去社区医院看病的人很少，而大医院又人满为患，造成这种供求失衡局面的原因是人口流动的加快与户籍制度下的利益固化导致公共服务消费壁垒的存在，基本公共服务

① 贾康．促进经济发展方式转变的公共财政建设与改革：“十二五”公共财政前瞻［J］．中共中央党校学报，2010（3）：5-10.

供给的质量存在差异。因此，资源的供给结构以及空间布局有待进一步优化和调整。其次，基本公共服务投入产出效率较低。由于缺乏降低成本的压力，加上基本公共服务的产出不易直接观察和衡量，以及缺乏有效的政绩考核机制和监督约束机制，公共资源浪费现象严重，由此导致基本公共服务供给的效率较低。这也说明一味增加财政投入并不能有效解决基本公共服务供给不足的难题。

基本公共服务满意度偏低。建立服务型政府需要将提供基本公共服务作为公共财政支出和财政转移支付的基本方向，将群众是否满意作为衡量政府工作的重要标准。然而，民众对基本公共服务质量的满意度有待提高。2017 年《公共服务蓝皮书》数据显示，虽然公共服务总体满意度从 2011 年的 54.03 分逐步增长到 2017 年的 63.37 分，但公共服务总体满意度仍然较低。民众对基本公共服务的满意度受到多种因素的影响，经济发达、较高的 GDP 并不一定带来较高的基本公共服务满意度，关键在于将财政取之于民、用之于民，提高基本公共服务的供给质量。

4.3 我国地方政府基本公共服务质量测度分析

本书所要测量的是地方基本公共服务的总体宏观性产出信息。现有文献主要使用 DEA 法、因子分析法、主成分分析法以及熵值法等对基本公共服务质量进行测度，本书将运用客观赋权法即熵值法对民生类基本公共服务的质量进行具体测度。

4.3.1　基本公共服务质量测度指标体系

根据文献综述中所确定的基本公共服务内涵和外延，本书关注民生类基本公共服务的客观绩效信息。

在实际测量过程中，基本公共服务产出指标的筛选要兼顾代表性、全面性、可量化性、可获得性和可持续性这几个原则，在此基础上明确民生类基本公共服务各领域产出的各个指标。具体来说，本书构建的基本公共服务质量测度指标体系的目标层是基本公共服务质量，准则层依据基本公共服务的内涵和外延界定，分为基础教育公共服务、基本医疗卫生公共服务以及基本社会保障和就业公共服务，指标层的具体设置如下（详见表 4–1）。

在基础教育公共服务领域，主要考察九年义务教育政策的具体执行情况，即小学教育和初中教育公共服务产出。在现有研究中，吴乐珍将基础教育指标设置为普通小学生师比和普通中学生师比[①]。本书将指标分为过程类指标（包括小学生师比、初中生师比）和结果类指标（包括小学阶段每十万人口平均在校生数、初中阶段每十万人口平均在校生数）。其中：过程类指标为逆向性质，意味着该指标数值越低，基础教育质量越高；结果类指标为正向性质，意味着该指标数值越高，基础教育质量越高。

在基本医疗卫生公共服务领域，政府的职责主要是保障人民群众的身体健康。在现有文献中，彭尚平等主要是通过医疗卫生机构

① 吴乐珍．基于因子分析法的各省基本公共服务绩效评价［J］．统计与决策，2012（11）：60-62.

总数、每万人拥有病床床位数、每万人拥有医疗卫生技术人员数三个指标对医疗卫生公共服务进行评价的[①]。陈振明和李德国通过医疗卫生经费支出、卫生机构数、医院卫生院数量、卫生机构床位数、卫生机构技术人员数、医生数、每千人拥有床位数、每千人拥有医生数、每千人医疗机构床位数来衡量福建省的医疗卫生状况。[②]王伟同[③]、南锐等[④]、杨光[⑤]也进行了类似的指标设计。通过上述文献发现，在医疗卫生服务领域，产出类的客观绩效指标主要包括医院、床位和医生三个方面的信息。因此，本书参照彭尚平等的研究，在指标层设计了卫生机构数、每千人卫生机构床位数、每千人卫生技术人员数三个指标，且均为正向指标。

在基本社会保障和就业公共服务领域，前者主要保障公民在年老、疾病、工伤、失业和生育等情况下依法从国家和社会获得物质帮助的权利（即社会保险），以及保障困难群体和特殊群体的物质生活（即社会服务），后者主要是促进充分就业。在现有研究中，对社会保障服务的测量大多数集中于社会保险领域。例如，肖建华[⑥]、陈刚和赖小琼[⑦]用养老保险人数、失业保险人数和医疗保险人数作为

---

① 彭尚平，谭雅丽，雷卫，等.成都市城乡公共服务均等化的评价指标体系研究［J］.四川教育学院学报，2010，26（12）：34-38.

② 陈振明，李德国.基本公共服务的均等化与有效供给：基于福建省的思考［J］.中国行政管理，2011（1）：47-52.

③ 王伟同.公共服务投入决策与产出效果的互动影响：基于VEC模型的经验分析［J］.财经科学，2010（10）：56-64.

④ 南锐，王新民，李会欣.区域基本公共服务均等化水平的评价［J］.财经科学，2010（12）：58-64.

⑤ 杨光.省际间基本公共服务供给均等化绩效评价［J］.财经问题研究，2015（1）：111-116.

⑥ 肖建华.我国社会性基本公共服务财政投入效率评价：基于DEA的分析［J］.财经理论与实践，2012，33（6）：70-75，92.

⑦ 陈刚，赖小琼.我国省际基础公共服务供给绩效分析：基于以产出为导向的三阶段DEA模型［J］.经济科学，2015（3）：55-66.

社会保障方面的产出指标。还有学者关注社会保障服务领域的服务设施，例如：李敏纳和覃成林将社会保障服务具化为万人参保人数、城镇万人社区服务设施数和农村万人社会保障网络个数①；马慧强等将万人社会福利院个数、万人参保数（医疗 + 养老）作为社会保障产出类指标②；王晓玲选择新型农村社会养老保险试点参保率、城镇基本养老保险参保率、社区服务机构覆盖率三个指标来衡量基本公共服务水平③。在就业公共服务领域，一般比较常用的指标是城镇登记失业率。参照上述研究，兼顾数据可得性、连续性和代表性原则，本书选取城镇职工基本医疗保险参保数、城镇职工基本养老保险参保数、城镇登记失业率和城镇社区服务设施总数作为基本社会保障和就业公共服务领域的测度指标。

表 4–1　基本公共服务质量测度指标体系

目标层	准则层	指标层	测量方法	性质
基本公共服务质量	基础教育公共服务	小学生师比	普通小学在校生数 / 专任教师数	–
		初中生师比	普通初中在校生数 / 专任教师数	–
		小学阶段每十万人口平均在校生数	小学在校生数 / 人口数	+
		初中阶段每十万人口平均在校生数	中学在校生数 / 人口数	+

① 李敏纳，覃成林．中国社会性公共服务空间分异研究［J］. 人文地理，2010，25（1）：26-30.

② 马慧强，韩增林，江海旭．我国基本公共服务空间差异格局与质量特征分析［J］. 经济地理，2011，31（2）：212-217.

③ 王晓玲．我国省区基本公共服务水平及其区域差异分析［J］. 中南财经政法大学学报，2013（3）：23-29，158-159.

续表

目标层	准则层	指标层	测量方法	性质
基本公共服务质量	基本医疗卫生公共服务	卫生机构数	卫生机构数	+
		每千人卫生机构床位数	卫生机构床位数 / 人口数	+
		每千人卫生技术人员数	卫生技术人员数 / 人口数	+
	基本社会保障和就业公共服务	城镇职工基本医疗保险参保数	城镇职工基本医疗保险参保人数	+
		城镇职工基本养老保险参保数	城镇职工基本养老保险参保人数	+
		城镇登记失业率	城镇登记失业人员数 / （城镇登记失业人员数 + 城镇就业人员数）	–
		城镇社区服务设施总数	城镇社区服务设施数	+

本书数据的来源为 2008 年至 2017 年《中国统计年鉴》以及我国 31 个省（自治区、直辖市）统计年鉴，个别年份下指标的缺失值根据前后两年的增长比率来进行推算补齐。在表 4–1 性质一列中："+" 是指正向指标，意味着该指标数值越高，对基本公共服务质量越有利；"–" 是指负向指标，意味着该指标数值越低，对基本公共服务质量越有利。

4.3.2 研究方法：熵值法原理与步骤

现有研究中关于多指标综合指数评价的实证分析方法有很多，

按照权重赋予的主观与客观之分，可以将现有的综合指数测度方法划分为两种类型，即主观赋权测度法和客观赋权测度法。为了尽量减少赋权过程中主观因素的干扰以及客观上存在的部分限制，本书参照马慧强等①、王富喜等②的研究采用熵值法来确定各指标的权重。

熵值法的优点在于可以克服主观赋权法所不可避免的随机性和主观臆断性等问题，还可有效解决多指标变量之间信息重叠的问题。本书分析地方民生类基本公共服务的质量，需要将各服务领域的客观绩效指标进行分类汇总，从而输出总体质量信息。因此，熵值法适用于本书的分析。具体方法是先将指标无量纲化，继而对各指标进行赋权，最后采取加权求和的方法对基本公共服务质量进行实证测度。

熵值法的基本原理为：通过计算出的熵值大小来度量已知数据所包含的有效信息并确定权重，即根据评价对象指标值的差异程度确定各指标的权重。③如果各准则层下某项可操作性指标的数值相差比较大，代表该指标数据相对离散，则熵值就相对较小，表明该项指标所能承载的有效信息较多，对综合指数测度的影响较大，它的权重也会随之变大；如果各准则层下某项可操作性指标的数值相差比较小，则熵值就相对较大，表明该项指标所能承载的有效信息较少，

① 马慧强，韩增林，江海旭．我国基本公共服务空间差异格局与质量特征分析［J］．经济地理，2011，31（2）：212-217.

② 王富喜，毛爱华，李赫龙，等．基于熵值法的山东省城镇化质量测度及空间差异分析［J］．地理科学，2013，33（11）：1323-1329.

③ 王晓玲．我国省区基本公共服务水平及其区域差异分析［J］．中南财经政法大学学报，2013（3）：23-29，158-159.

对综合指数测度的影响较小，它的权重也会随之变小；如果各准则层下某项可操作性指标的数值均相等，此时熵值达到最大值，这就表示该项指标并不能为综合指数的测度提供任何有效的信息，可以将该项指标从指标体系中剔除。

特定年份的指标数据矩阵是由 n 个省份、m 个测度指标所组成的，下面是单年份的数据矩阵，其中 X_{ij} 为第 i 个省份第 j 项指标的数值。

$$A=\begin{pmatrix} X_{11} & \cdots & X_{1m} \\ \vdots & \vdots & \vdots \\ X_{n1} & \cdots & X_{nm} \end{pmatrix}_{n\times m}$$

首先，将特定年份的数据进行标准化处理。由于各指标的量纲并不相同，所以应进行标准化操作，消除量纲不同所带来的偏差以及指标数量级上的差别带来的影响。具体方法是：如果指标为正向指标，标准化的公式为 $x'_{ij}=(x_{ij}-\bar{x})/S_j$；如果指标为逆向指标，则标准化的公式为 $x'_{ij}=(\bar{x}-x_{ij})/S_j$。其中，$x'_{ij}$ 为第 i 个省份第 j 项指标的原始数值，x'_{ij} 为经过标准差标准化后的数值，$\bar{x}$ 和 S_j 分别为第 j 项指标的平均值和标准差。由于标准化后的数值有负数，而熵值法的后续操作中会使用对数公式，使得上述数值不能直接使用，因此采用数据平移的方法确保标准化后的数值能够直接使用。即令 $Z_{ij}=x'_{ij}+A$，其中 A 为平移的幅度，Z_{ij} 为平移处理后得到的标准化数值。需要注意的是，A 值的选取会引起权重系数的差异。在进行标准化平移时，为了尽可能地保留原始数据之间的差异信息，使其评价结果更显著，A 的取值应该尽可能地接近 $\min(x_{ij})$。① 因此，本书中平移的幅度 A

① 朱喜安，魏国栋．熵值法中无量纲化方法优良标准的探讨［J］．统计与决策，2015（2）：12-15.

值是根据每年的标准化矩阵的最小值来确定的。

其次，计算各项指标的熵值。具体可分为两个步骤：第一步是将各指标同度量化，计算第 j 项指标下第 i 个省份占该指标的比重 p_{ij}，公式为 $p_{ij}=Z_{ij}/\sum_{i=1}^{n}Z_{ij}$（$i$=1，2，3，…，$n$；$j$=1，2，3，…，$m$），$n$ 为省份的个数，j 为指标的个数；第二步是在第一步的基础上算出第 j 项指标的熵值 e_j，公式为 $e_j=k\sum_{i=1}^{n}p_{ij}\ln(p_{ij})$，$k=1/\ln(n)$，$e_j\geqslant 0$。

再次，计算各项指标的权重。也分为两步：第一步为指标差异系数 g_j 的计算，公式为 $g_j=1-e_j$；第二步为差异系数的归一化，从而计算各项指标的权重 w_j，公式为 $w_j=g_j/\sum_{j=1}^{m}g_j$（$j$=1，2，3，…，$m$）。

最后，根据该指标的权重，使用综合加权法对基本公共服务各绩效指标进行加总，得出第 i 个省份的基本公共服务质量综合指数 ser_i，公式为 $ser_i=\sum_{j=1}^{m}w_j p_{ij}$。

4.3.3　基本公共服务质量测度结果分析

本书依照上述方法使用 MATLAB 软件计算出了 2007 年到 2016 年各年 31 个省份民生类基本公共服务领域 11 个指标的熵值以及权重（见本书附录 1 和附录 2），进而通过加权求得 2007 年到 2016 年各年我国省级民生类基本公共服务质量的综合指数 ser_{it}，t 为年份（t=1，2，3，…，10），具体结果如表 4-2 所示。

表 4-2　2007—2016 年省级基本公共服务质量测度结果

省份	2007 年	2008 年	2009 年	2010 年	2011 年	2012 年	2013 年	2014 年	2015 年	2016 年
北京	0.0549	0.0555	0.0554	0.0544	0.0567	0.0456	0.0577	0.0423	0.0419	0.0436
天津	0.0301	0.0314	0.0272	0.0244	0.0222	0.0161	0.0225	0.0155	0.0158	0.0162
河北	0.0377	0.0347	0.0396	0.0392	0.0386	0.0369	0.0476	0.0382	0.0502	0.0470
山西	0.0328	0.0320	0.0336	0.0336	0.0309	0.0281	0.0306	0.0287	0.0279	0.0288
内蒙古	0.0266	0.0281	0.0285	0.0260	0.0245	0.0216	0.0253	0.0243	0.0251	0.0247
辽宁	0.0427	0.0459	0.0432	0.0397	0.0388	0.0357	0.0378	0.0383	0.0371	0.0366
吉林	0.0304	0.0301	0.0283	0.0256	0.0244	0.0206	0.0231	0.0229	0.0240	0.0248
黑龙江	0.0281	0.0311	0.0287	0.0285	0.0277	0.0236	0.0261	0.0256	0.0260	0.0251
上海	0.0567	0.0627	0.0540	0.0337	0.0367	0.0279	0.0359	0.0255	0.0270	0.0262
江苏	0.0672	0.0653	0.0565	0.0560	0.0544	0.0611	0.0535	0.0620	0.0585	0.0565
浙江	0.0739	0.0643	0.0624	0.0573	0.0556	0.0627	0.0528	0.0539	0.0520	0.0499
安徽	0.0194	0.0210	0.0228	0.0238	0.0227	0.0252	0.0210	0.0238	0.0226	0.0223
福建	0.0233	0.0212	0.0233	0.0232	0.0229	0.0230	0.0238	0.0233	0.0234	0.0218
江西	0.0257	0.0221	0.0248	0.0247	0.0249	0.0266	0.0209	0.0220	0.0206	0.0211
山东	0.0517	0.0496	0.0551	0.0640	0.0669	0.0673	0.0601	0.0611	0.0568	0.0528

续表

省份	2007 年	2008 年	2009 年	2010 年	2011 年	2012 年	2013 年	2014 年	2015 年	2016 年
河南	0.0331	0.0305	0.0382	0.0380	0.0362	0.0375	0.0327	0.0358	0.0366	0.0370
湖北	0.0300	0.0333	0.0316	0.0350	0.0334	0.0329	0.0313	0.0346	0.0357	0.0375
湖南	0.0389	0.0424	0.0373	0.0383	0.0351	0.0348	0.0308	0.0305	0.0331	0.0323
广东	0.0548	0.0526	0.0545	0.0689	0.0753	0.0971	0.0836	0.0991	0.0829	0.0830
广西	0.0178	0.0181	0.0196	0.0207	0.0206	0.0211	0.0235	0.0196	0.0264	0.0271
海南	0.0162	0.0150	0.0164	0.0191	0.0209	0.0196	0.0192	0.0176	0.0181	0.0192
重庆	0.0180	0.0179	0.0195	0.0216	0.0236	0.0236	0.0222	0.0235	0.0249	0.0258
四川	0.0296	0.0317	0.0352	0.0337	0.0369	0.0387	0.0373	0.0468	0.0467	0.0458
贵州	0.0181	0.0173	0.0201	0.0231	0.0239	0.0334	0.0321	0.0369	0.0334	0.0338
云南	0.0161	0.0164	0.0159	0.0168	0.0171	0.0171	0.0177	0.0182	0.0185	0.0203
西藏	0.0155	0.0150	0.0140	0.0126	0.0138	0.0145	0.0127	0.0136	0.0149	0.0158
陕西	0.0254	0.0267	0.0277	0.0289	0.0286	0.0278	0.0290	0.0289	0.0309	0.0311
甘肃	0.0237	0.0226	0.0232	0.0259	0.0238	0.0266	0.0256	0.0267	0.0271	0.0293
青海	0.0163	0.0162	0.0164	0.0153	0.0150	0.0137	0.0170	0.0159	0.0171	0.0179
宁夏	0.0133	0.0159	0.0149	0.0144	0.0153	0.0136	0.0163	0.0152	0.0150	0.0154
新疆	0.0322	0.0333	0.0320	0.0338	0.0325	0.0259	0.0303	0.0295	0.0297	0.0315

表 4-2 为 2007—2016 年我国 31 个省（自治区、直辖市）基本公共服务质量的测度结果，在此基础上计算得出 2007—2016 年每个省份基本公共服务质量的年均值。

从图 4-9 中可以看出，2007—2016 年，我国 31 个省份在基本公共服务质量方面存在很大差距，其中广东省的年均值（0.07519）最大，西藏自治区的年均值（0.01425）最小。

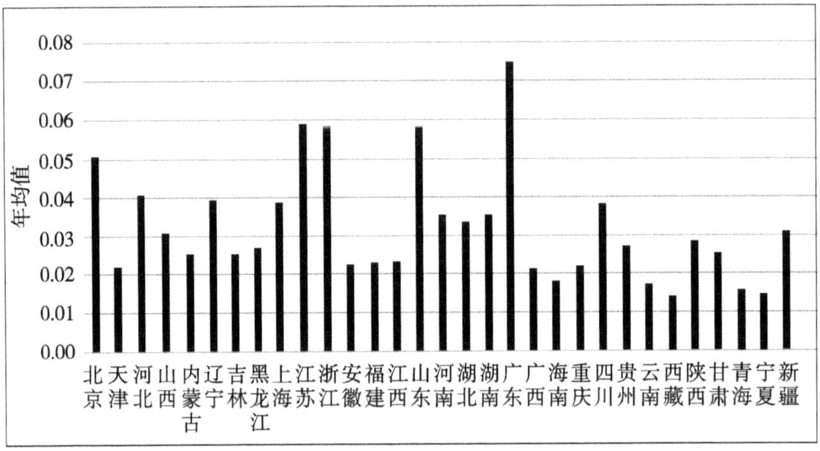

图 4-9　2007—2016 年我国 31 个省份基本公共服务质量年均值

为了进一步分析 31 个省份基本公共服务质量高低的聚类情况，本书使用 R 语言软件进行省级基本公共服务质量的系统聚类分析，具体做法是基于 Ward 法计算 Euclidian 平方距离值，在此基础上得到 31 个省份基本公共服务质量的聚类树状图（见图 4-10）。结合图 4-9 和图 4-10 可以看出，基本公共服务质量较高的为广东、北京、江苏、山东和浙江五个东部省份，而基本公共服务质量较低的为海南、云南、西藏、宁夏和青海，其余省份的基本公共服务质量处于中间水平。

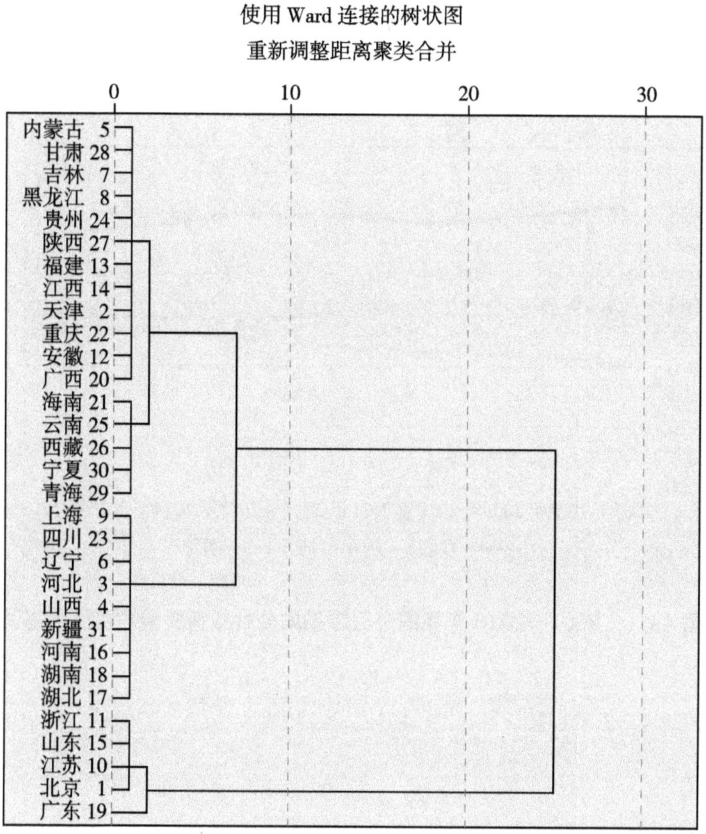

图 4–10　2007—2016 年我国 31 个省份基本公共服务质量年均值聚类结果

另外，本书将我国 31 个省份根据东中西区域进行了划分，并计算得出 2007—2016 年三个区域基本公共服务质量的平均值。从图 4–11 中可以看出，经济发展程度较高的东部省份的基本公共服务质量远高于中部和西部省份，但是 2007—2016 年东部省份的基本公共服务质量出现了一定程度的下降。2007 年中部省份的基本公共服务质量高于西部省份，从 2010 年开始，中部省份的基本公共服务质量略微下降，而西部省份的基本公共服务质量自 2007 年开始呈缓慢上升态势，2016 年中部和西部省份的基本公共服务质量相差不大。总体来说，东中西部基本公共服务质量的区域间差距在变小。

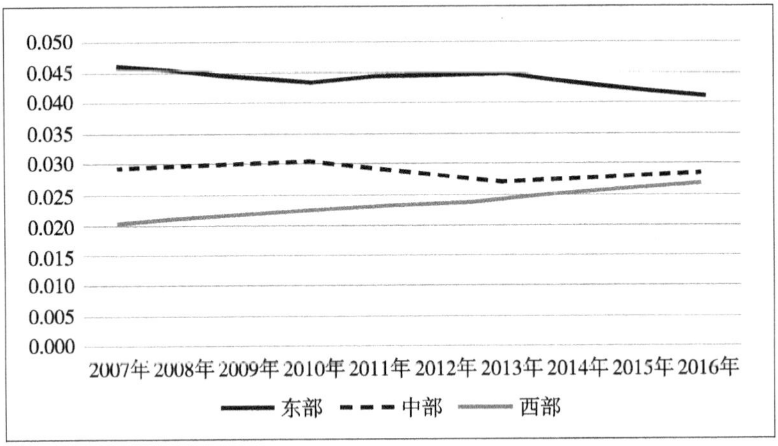

图 4-11　2007—2016 年我国分区域基本公共服务质量均值变化趋势

第 5 章　我国地方政府间财政支出竞争分析

5.1　我国地方基本公共服务财政支出的总体概况

财政支出政策涉及社会资源的再分配，对经济的发展、企业的成长以及民众生活的方方面面都会产生重要的影响。财政支出不只是为了满足经济社会各个方面的资金需求，更重要的是通过财政支出结构的划分明确政府的职能重点和治理方式。由于政府在经济、政治、文化、社会、生态发展的过程中扮演着重要的角色，因此政府所能发挥的作用可通过财政支出的政策过程体现出来，政府的偏好便会体现在财政支出资源的配置中。

5.1.1　我国地方基本公共服务财政支出的发展现状

财政支出结构是指“在一定的经济体制和财政体制下，在财政资金分配过程中，财政支出的构成要素相互联系、相互作用的内在关系和空间表现”[①]。由于任何一项政策的实施都需要财政资金的支

① 雷爱先．公共支出论［M］．北京：中国财政经济出版社，2000.

持，因此支出结构的配置也反映了政府职能的重点和政府行为的方向，是政府治理过程中重要的政策工具。

对于财政支出结构，可以按照政府职能或者财政功能来进行划分，比较常见的是将支出结构分为一般政府服务支出、社会服务支出、经济服务支出以及其他支出。国内许多学者的研究遵循这一路径，例如，贾俊雪和郭庆旺将财政支出划分为经济性支出、社会性支出和维持性支出，并分别用基本建设、文教科卫和行政管理支出近似加以度量。[①] 关于社会性财政支出，在已有的研究中，中国经济增长与宏观稳定课题组[②]、肖建华[③]将其划分为教育、医疗、社保支出三个方面。在上述财政支出分类下，如何将财政资金进行"分饼"、选择本地区发展的重点领域，既涉及效率，也关乎公平。由于各服务领域的支出在财政支出中的份额并不相同，因此形成迥异的财政支出格局，而不同的财政资源分配偏好又对经济发展、政府信任、公共服务以及社会秩序与稳定具有不同的影响。本书主要关注社会性或者民生类基本公共服务支出，在操作化层面将通过教育支出、社会保障和就业支出、医疗卫生与计划生育支出的总和来反映2007—2016年[④]我国地方民生类基本公共服务财政支出的总体情况。

---

① 郭庆旺，贾俊雪．地方政府间策略互动行为、财政支出竞争与地区经济增长［J］．管理世界，2009（10），17-27，187.

② 中国经济增长与宏观稳定课题组．增长失衡与政府责任：基于社会性支出角度的分析［J］．经济研究，2006（10）：4-17.

③ 肖建华．财政分权与社会性公共服务供给：基于省际面板数据的实证分析［J］．当代经济研究，2011（8）：83-88.

④ 2007年，我国政府实施了财政收支分类改革，之后统计年鉴公布的财政支出分类发生变化，例如，预算内教育支出是全口径的教育支出，不仅包括之前统计口径中的教育事业费以及各部门事业费中涉及教育的支出，还包括教育基建投资。

图 5-1 和图 5-2 分别描述了我国地方基本公共服务各领域财政支出的总量及占比情况。从图 5-1 中可以看出，2007—2016 年我国

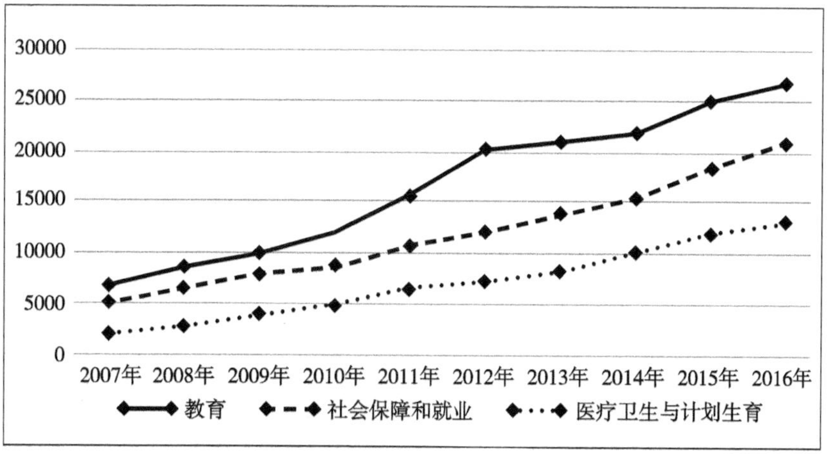

图 5-1　2007—2016 年我国地方基本公共服务各领域财政支出总量（亿元）

资料来源：根据《中国统计年鉴》计算得出。

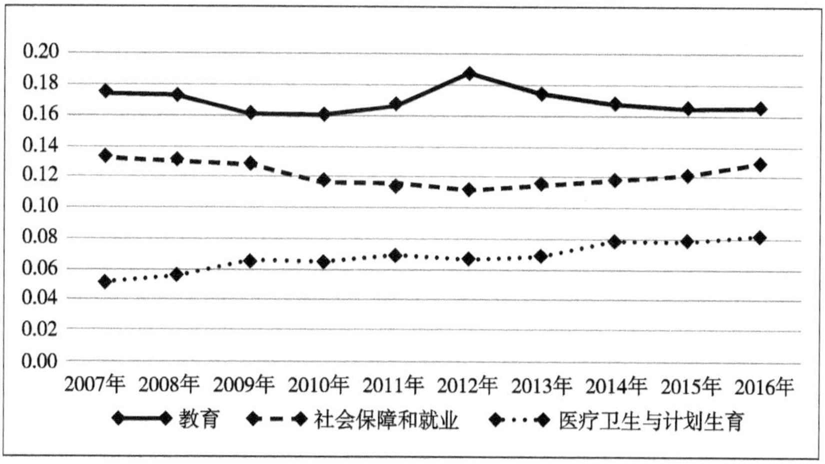

图 5-2　2007—2016 年我国地方基本公共服务各领域财政支出占比

资料来源：根据《中国统计年鉴》计算得出。

地方教育、社会保障和就业、医疗卫生与计划生育支出总量呈现出逐年平稳增加的态势。2012 年教育支出总量出现了较快增长，2016 年教育支出达到 26625 亿元，社会保障和就业支出达到 20700 亿元，而医疗卫生与计划生育支出达到 13067 亿元。将各服务领域的支出总量进行比较可知，2007—2016 年，教育支出总量高于社会保障和就业支出总量，而社会保障和就业支出总量又高于医疗卫生与计划生育支出总量，说明教育在我国各方面的发展中处于非常重要的地位，而社会保障和医疗则处于兜底的民生领域，保障民众的生存诉求。对于财政支出结构，可以用基本公共服务各领域财政支出占财政支出总量的比例来测度，即地方教育支出、社会保障和就业支出、医疗卫生与计划生育支出占地方预算内财政支出的比例。从图 5-2 中可以看出，2007—2016 年三个服务领域财政支出的占比情况相对稳定，其中：教育支出占比保持在 17% 左右，2012 年达到最高值 19%；社会保障和就业支出占比在 13% 左右；医疗卫生与计划生育支出呈现平稳上升的态势，2007 年占比为 5%，2016 年占比增长到 8%。

5.1.2 我国地方基本公共服务财政保障存在的问题

财政支出偏好问题。政府的财政支出偏好经历了两个阶段的变化。第一个阶段是经济的高速增长时期，不管是市场维护型联邦主义者的观点，还是晋升锦标赛的解释或者其他的观点，都试图去解释这样一种现象或结果，即财政分权背景下，地方政府之间存在竞争，以招商引资为主要手段来提升本地经济增长水平。分权制度体系导致各辖区为争夺资本要素而竞相扩大生产性财政支出，而供给基本公共服务的积极性则不足。这一时期政府支出的偏好是经济性公共服务支出，这虽然符合特定阶段的发展需求，但也使得满足民生需要的基本公共服务发展缓慢。第二个阶段是财政支出结构优化的时期，在中央大力倡导建设服务型政府的背景下，地方政府致力于基本公共服务的发展和均等化，不断增加在教育、医疗、社会保障等方面的财政支出，从长远来看，这也会改善投资环境，增加人力资本，从而推动经济的长期可持续发展。

财政可持续性问题。1994 年财税体制改革后，地方财政支出在国家财政支出总额中的占比很高，而且自 2000 年后呈现不断上升的趋势。在经济新常态下，我国经济增速放缓，各领域处于供给侧结构性改革的进程中，使得一方面财政收入的增长压力在变大，另一方面民众对基本公共服务的需求日益增加，由此导致基本公共服务的财政保障乏力，出现了一定的财政缺口，影响了财政的可持续性。因此，转变公共服务领域政府主导式的供给模式、促进社会力量积极参与到基本公共服务供给中来需要得到充分的重视。

民间资本投入不足问题。目前，公共服务领域主要采取政府垄断式的供给模式，社会力量参与公共服务供给发展不充分，这不可避免地会遭遇两项瓶颈制约：一是供给能力低而数量需求大，二是供给质量低而民众要求高。所以，整合政府、市场、社会组织和公民的资源，可以缓解政府的财政压力。通过吸引民间资本进入公共服务领域，可以不断创新公共服务发展的融资方式，形成规模效应；

通过引入竞争机制，可以改善公共服务资源的效益与产出；同时通过充分利用社会组织的优势，可以提升公共服务供给的专业性和针对性。

5.2 我国地方基本公共服务财政支出的演变分析

5.2.1 地方财政支出结构的演变研究

国外最早对地方财政支出进行研究的是 Tiebout[①]，他提出了地方财政支出的纯理论，即蒂布特模型（Tiebout Model），又称为“以足投票理论”（Vote by Feet）、“蒂布特群分”（Tiebout Sorting）。该模型强调社会经济背景相似的群体（共同体内部的居民具有同质性）有着相似的公共服务需求，聚集在一起享受与其他群体不同的公共服务组合，从而形成群分效应。各辖区为了吸引居民流入展开竞争，呈现出辖区内部居民的同质性和辖区间公共服务供给的异质性。后续的研究虽然侧重点不同，结论也存在差异，但大都认为公共服务组合在共同体之间呈现出异质性，相对应地，公共服务财政支出结构在共同体之间是否也会呈现出一定程度的异质性呢？如果存在，那么随着时间的推移，这种异质性会呈现怎样的总体趋势和变化呢？

① Tiebout C M. A pure theory of local expenditures [J]. Journal of Political Economy, 1956, 64 (5): 416-424.

根据蒂布特模型的假设条件，一方面，要存在大量的可供消费者 / 投票者选择居住的共同体。共同体的数量越多，共同体之间的差异越大，居民就越能找到接近自己偏好的地区。[①]由此可以看出共同体之间的差异性是关键，因为共同体之间的同质性会导致上述假设毫无意义，用脚投票的运作机制就是要使各共同体的偏好多样化和异质化，这是蒂布特模型设定的初始理想情况。另一方面，对于地方政府在某种程度上是否需要固定的财政收支模式这一问题，Tiebout 并没有给出非常明确的阐述。正如一家公司根据平均成本曲线找到一个最低成本点，但是可以被另一家公司快速复制，那么似乎没有任何理由说明重复的共同体是不存在的。至今已有大量的共同体存在相似的收入支出模式，解决方案将会接近于完美的“市场”解决方案。[②]在用脚投票的机制下，加上制度惯性等因素的影响，城市管理者通常会遵循该共同体已有居民的需求偏好。因此，可以推定地方政府的财政收支模式存在一定的相似性和稳定性，但至于长期发展的总体趋势如何，Tiebout 并没有进行明确详细的论述。

后续很多学者对财政政策的变化趋势展开了研究。例如，Grubb 在蒂布特模型的基础上提出了两个研究问题，一是共同体是向蒂布特均衡下的完美同质化方向发展还是继续保持异质化的特征，二是蒂布特模型对公平具有什么影响。他通过分析验证得出，共同体的发展方向是居民收入和年龄等方面的同质性在上升，并导致财政

① Tiebout C M. A pure theory of local expenditures [J]. Journal of Political Economy, 1956, 64 (5): 416-424.

② 同①.

支出资源配置的不公平，但是获取的结果是复杂的。[①]Gemmell 和 Kneller 认为，生产性支出长期增长的弹性在 OECD 国家呈现出高度的相似性。[②]Annala 根据新古典增长理论计算收敛系数和变异系数，发现州和地方的财政（税收和支出）政策在过去的 20 多年中出现了收敛聚合的趋势，而这种结果与蒂布特模型中不同地区提供不同水平的公共产品的假设是相矛盾的。[③]Sanz 和 Velázquez 通过实证分析得出，根据政府支出结构、经济增长、全球化过程的模型可以推断，随着时间的发展,OECD 国家政府的财政支出结构越来越相似。[④] 但是，如果所有地方政府均提供同样水平的公共产品，那么便不能通过公共产品供给解释区域经济增长产出的差异，类似地，如果所有税收政策变得越来越相似，那么税收政策将不会导致经济增长率存在差异。对于财政支出结构会呈现出什么样的变化趋势，还需要进一步深入研究。

国内关于财政支出变化趋势的研究有以下几个关注点。

一是关注财政支出项目结构呈现的变化，该变化反映在财政支出偏好层面。在经济发展早期，公共支出在总支出中占有较高的比重；一旦经济进入成熟阶段，公共支出的重点将从基础设施转向教育、保障和福利等公共服务方面。[⑤] 例如，李永友对我国财政支

① Grubb W N. The dynamic implications of the Tiebout model：the changing composition of Boston communities，1960-1970［J］. Public Finance Quarterly，1982，10（1）：17-38.

② Gemmell N，Kneller R. Fiscal policy，growth and convergence in Europe［J］. European Economy Group Working Papers，2002.

③ Annala C N. Have state and local fiscal policies become more alike? Evidence of beta convergence among fiscal policy variables［J］. Public Finance Review，2003，31（2）：144-165.

④ Sanz I，Velázquez F J. Determinants of the composition of government expenditure by functions［J］. European Economy Group Working Papers，2002.

⑤ 何艳玲，汪广龙，陈时国 . 中国城市政府支出政治分析［J］. 中国社会科学，2014（7）：87-106，206.

出结构纵向、横向的相对配置效率及其变化趋势和空间差异进行了分析，这里的财政支出结构是指纵向的中央和地方支出结构与横向的地区结构和项目结构。①李文军和李家深考察了 2001—2010 年我国公共服务财政支出的总量变化和项目、地区、城乡结构的演进变化。②

二是关注纵向上的预决算政策分析、时间上的预算政策间断均衡性分析和空间上的地方财政支出竞争分析。例如，张铭洪等对财政支出的预决算偏离度进行了因子分析，并分析了各地区财政支出偏差的格局。③曾康华和唐卓从预算执行的视角对 1979—2011 年的财政支出结构进行了分析，发现政府财政模式由建设财政向公共财政变动。④踪家峰和蔡伟贤利用空间计量经济学方法实证检验得出，我国人均财政支出存在着绝对趋同的趋势，但俱乐部趋向不明显。⑤管永昊和贺伊琦认为我国地方财政存在着较为明显的同质性，意味着财政收入和支出政策具有趋同的趋势。⑥

三是通过对财政支出结构进行聚类分析推断财政支出的变化趋势。例如，匡小平和杨得前采用人均财政支出来比较各地财政支出的异同，将因子分析与聚类分析结合起来对财政支出结构进行研究，发现我国地方财政支出结构已经开始呈现出一定程度的趋同化

① 李永友．我国财政支出结构演进及其效率［J］．经济学（季刊），2010，9（1）：307-332.
② 李文军，李家深．中国财政公共服务支出的总量变化与结构演进（2001—2010）［J］．中共天津市委党校学报，2012，14（4）：84-90.
③ 张铭洪，侯迪，张福进．基于因子分析的地方财政支出偏离度监督［J］．当代财经，2013（7）：23-31.
④ 曾康华，唐卓．财政模式、预算执行与财政支出结构优化［J］．中央财经大学学报，2013，1（11）：9.
⑤ 踪家峰，蔡伟贤．中国地方财政支出趋同研究［J］．财贸经济，2008（7）：41-45.
⑥ 管永昊，贺伊琦．中国地方财政“同质性”问题研究［J］．当代经济研究，2013（6）：62-67.

现象。[①]使用类似研究方法的还有Heikkila，其将因子分析的结果而非原始数据作为聚类分析的变量，以避免重复计算那些高度相关的变量[②]。王冰和王皓对2010年省级财政支出结构进行了变量聚类和样本聚类，前者的分析表明我国省域财政支出明显向民生和服务领域倾斜，而教育和科技投入不足，后者的分析表明我国部分省域财政支出结构同构性和同质化的特征明显。[③]郭红玲等建立了“财政支出结构偏离模型”，比较了全国除北京外省级政府财政支出结构之间的差异性，并对财政支出结构偏离数据进行了聚类分析。[④]

现有的对财政支出结构的研究主要是关注财政支出偏好，基于对财政支出项目的跨年度区域分析，分析财政支出结构的区域差异。而对于财政支出的变化趋势，国内外的很多研究显示地方财政支出政策存在同质化的收敛聚合趋势。但是现有的对财政支出结构的聚类分析存在一定程度的局限性，停留在单年度的浅层次聚类分析上，缺乏跨年度的聚类变化分析。本书试图通过跨年度的聚类分析来呈现地方财政支出的演变趋势，以丰富现有的研究。

---

① 匡小平，杨得前．基于因子分析与聚类分析的中国地方财政支出结构的实证研究［J］．中国行政管理，2013（1）：105-110.

② Heikkila E J. Are municipalities Tieboutian clubs ？［J］. Regional Science and Urban Economics，1996，26（2）：203-226.

③ 王冰，王皓．基于聚类分析的我国财政支出结构省际比较研究［J］．经济与管理，2014，28（3）：44-50.

④ 郭红玲，李建振，宋长善．基于财政支出结构偏离模型的省级政府财政支出结构评价［J］．地方财政研究，2014（12）：28-32，36.

5.2.2　地方基本公共服务财政支出演变的实证分析

本节分别通过变异系数法和跨年度聚类分析法来对地方基本公共服务财政支出的差异和集中度的变化进行描述性实证分析，并对分析结果进行综合评价。

财政支出结构一般用两种方式测量，一种是用各类别财政支出占财政支出总量的比例来测量，另一种是用各类别财政支出的人均值来测量。两种测量方式各有侧重，但由于财政支出占比所反映的信息有限，而财政支出人均值可以更准确地反映各地区基本公共服务在数量和结构上存在的较大差异，所以本书选择地方基本公共服务财政支出人均值来比较省级政府基本公共服务供给的差异，以克服规模因素的干扰。

具体来看，选取教育、医疗卫生以及社会保障和就业三个重要的民生类基本公共服务的人均财政支出作为指标进行分析。由于 2006 年中央出台政策将基本公共服务体系建设纳入政策框架，加上 2007 年进行了财政收支分类改革，改革前后部分领域的财政支出统计口径发生了变化，所以本书选取了 2007—2016 年的预算内人均基本公共服务财政支出数据。预算内人均基本公共服务财政支出以省级各年预算内基本公共服务财政支出总量 / 年末人口总数来表示，数据来源于 2008—2017 年的《中国统计年鉴》。

首先是通过变异系数法对基本公共服务财政支出进行分析。通过计算变异系数，可以对数据的收敛或者发散进行直接刻画。假设有一组离散型变量 X_0、X_1、X_2、…、X_n，在时间跨度 $\{0, 1, 2, \cdots, m\}$

内，如果其变异系数 CV_1、CV_2、…、CV_n 的数值是不断减小的，那么就说明该变量存在收敛或者趋同的演变趋势。在现有研究中，很多学者利用变异系数法对地方财政支出的演变趋势进行分析，进而判断地方政府之间是否在财政支出政策上存在竞争，如伍文中①、王美今等②。本书对我国 31 个省（自治区、直辖市）基本公共服务财政支出人均值的变异系数进行了跨年度分析，观察变异系数值的历年变化，从而判断地方人均基本公共服务财政支出是呈现越来越聚合还是越来越分散的趋势。

图 5-3 显示，2007—2016 年期间，我国省级人均基本公共服务财政支出的变异系数除个别年份有波动外，整体上呈下降趋势，表明地方政府在人均基本公共服务财政支出上的差异越来越小，地方人均基本公共服务财政支出呈现从分散到聚合、收敛的演变趋势。

其次是对基本公共服务财政支出进行跨年度聚类分析。聚类分析一般作为对研究对象进行分类的工具，很少用于对研究对象之间差异变化的分析。本书使用聚类分析法对基本公共服务财政支出数据进行跨年度分析，通过对个案进行分类，分析当年度 31 个省份的聚类情况，在此基础上进行聚类集中度的评估。

① 伍文中. 政府间财政支出竞争的经济效应研究［D］. 济南：山东大学，2010.

② 王美今，林建浩，余壮雄. 中国地方政府财政竞争行为特性识别："兄弟竞争"与"父子争议"是否并存？［J］. 管理世界，2010（3）：22-31.

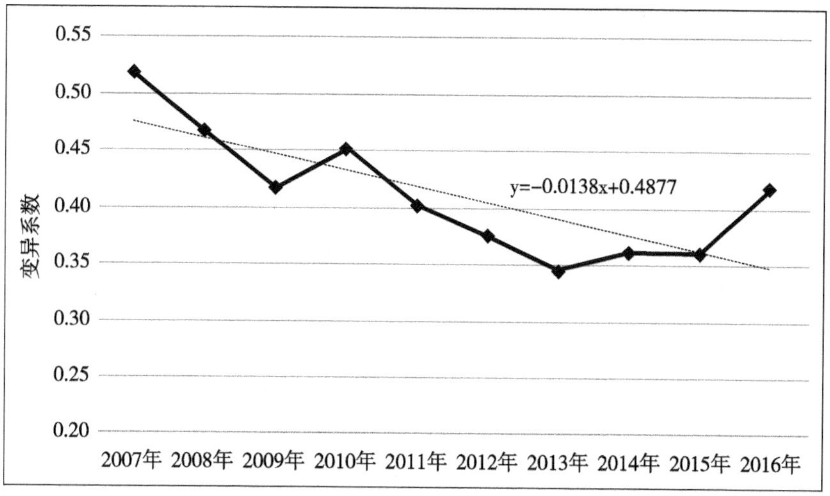

图 5-3　2007—2016 年我国省级人均基本公共服务财政支出的变异系数

聚类分析（Cluster Analysis）作为一种建立分类的多元统计方法，可以根据数据之间的特征对其进行分类，从而产生多个分类结果。本书使用系统聚类分析法（Hierarchical Clustering Methods），选择较为常用的欧氏距离（Euclidean Distance）来衡量个体之间距离的远近。在计算欧氏距离时使用 R 语言软件，在距离连接方法上，参照匡小平和杨得前[①]的研究选择 Ward 法。至于聚类数量的选择，则利用 SPSS 软件对数据进行系统聚类，得出碎石图，从而确定聚类 K 的值。

目前国内对财政支出结构和基本公共服务的聚类研究，一是缺少跨年度的聚类变化分析，二是缺少对聚类效果的评估。本书通过

① 匡小平，杨得前．基于因子分析与聚类分析的中国地方财政支出结构的实证研究［J］．中国行政管理，2013（1）：105-110.

对基本公共服务财政支出进行跨年度的聚类分析来从宏观上把握地方基本公共服务财政支出的演变趋势。

在进行聚类集中度的分析时，本书构造了一个聚类集中度指数（Cluster Concentration Index，CCI）。CCI 描述了当年同属一个聚类的省份的对数，例如，北京和上海同属一类，那么记为 1 对。CCI 的值越高，表明聚类集中度越高，当年地方财政支出的同质性就越强，反之则是异质性越强。通过对 2007—2016 年 CCI 值的变化进行分析，便可以得到地方政府财政支出集中度的变化，即 31 个省份的财政支出呈现出越来越同质还是越来越异质的趋势。CCI 的公式如下：

$$CCI=\frac{\sum_{i=1}^{n}\frac{m(m-1)}{2}}{\frac{q(q-1)}{2}}$$

公式中，n 为特定年份聚类的数量，m 为特定年份各个聚类下的省份数量，q 为省份的总数量。因此，分子就是特定年份下同属一个聚类的省份对数的总和，分母就是所有省份对数的总和。在本书的研究中，共有 31 个省份，即当 q=31 时，$q(q-1)/2$ 的值为 465。当所有的省份自成一类时，分子为 0，CCI 的值为 0，即集中度为 0，意味着完全分散，各省份的财政支出没有相似性；当所有的省份在一个聚类下时，CCI 的值为 1，即集中度为 1，意味着完全聚合，各省份财政支出的同质性极强。

根据上述步骤对每一年我国 31 个省份的人均基本公共服务财政支出进行聚类分析，得出每一年聚类下各个子聚类下的省份数量，继而计算得出聚类集中度的数值，如图 5–4 所示。从图中可以看出，31 个省份人均基本公共服务财政支出的聚类集中度呈现出整体上升的趋势，说明省级政府在基本公共服务财政支出方面存在同质化趋势。

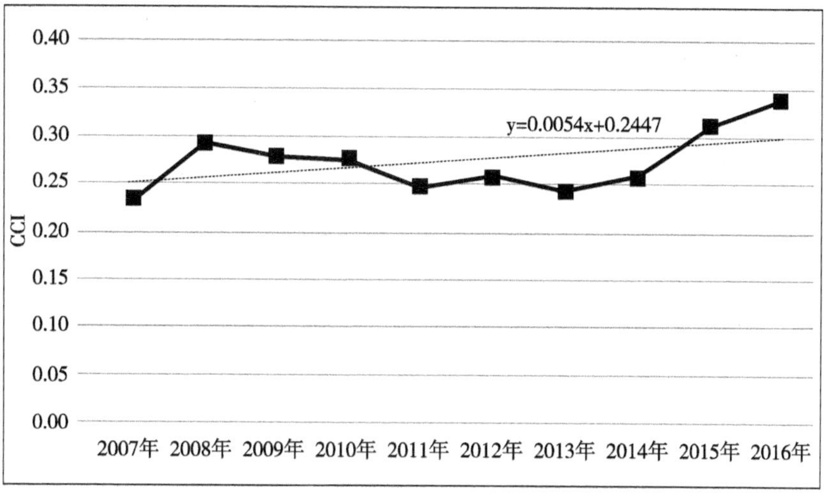

图 5–4　2007—2016 年我国省级人均基本公共服务财政支出的 CCI

现有研究主要基于变异系数来检验地方政府间的财政支出竞争，如果地方政府财政支出水平的变异系数确有稳定中变小的趋势，则说明地方政府间存在显著的财政支出竞争。[①] 本书在此基础上进行拓展，结合聚类集中度的跨年度分析，得出省级基本公共服务财政支出在聚合性和同质性方面的双重信息。根据上述分析得出的结果，31 个省份人均基本公共服务财政支出整体上呈收敛趋势，在聚类集中度上整体呈上升趋势。据此，本书对我国省级基本公共服务财政

① 伍文中. 财政支出竞争存在性检验：基于变异系数的分析［J］. 财经论丛，2010（5）：25-30.

支出的演变进行了简化，如图 5-5 所示。

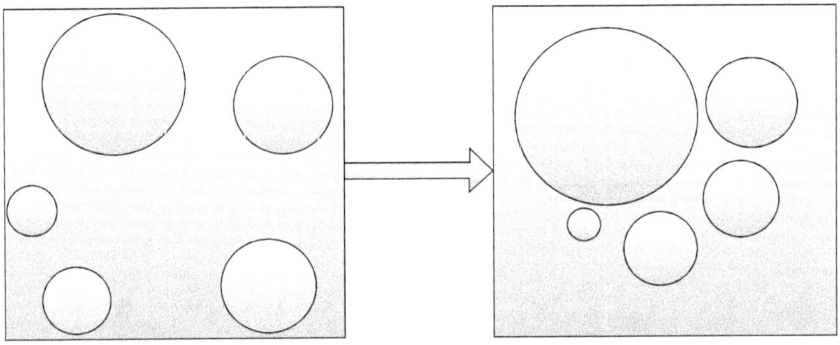

图 5-5　2007—2016 年我国省级基本公共服务财政支出的演变

从图 5-5 可以看出，2007—2016 年我国省级基本公共服务财政支出整体上经历了从分散化、异质性较强到聚合化、同质性较强的转变。其中：圆圈表示的是 31 个省份的分布，圆圈越大说明处于同一类别的省份越多，意味着同质性越强；圆圈之间的距离表示地方基本公共服务财政支出的差异，距离越短则差异越小，意味着呈现聚合化。

5.3　标尺竞争视角下地方政府间支出政策策略互动的实证分析

本节将基于标尺竞争的视角对地方政府间存在的支出政策策略互动进行验证和分析。首先需要明确地方政府支出政策的相互影响和溢出效应，其次是从信息外溢的角度对这种地方政府支出政策间存在的相互影响进行解释。

5.3.1 引言与理论假设

西方文献中的标尺竞争是指基于信息外溢的角度，民众在信息弱势的情况下将邻近地区的政策作为标尺与当地的政策进行比较，当地政府官员为了实现政治选举中的连任，往往以邻近地区的政策作为标尺采取模仿行为，从而呈现自下而上方向的地方政府财政政策策略互动的特征。本书将标尺竞争界定为地方政府为了在自上而下方向的晋升考核中获胜，基于信息外溢的角度采取的财政政策空间策略互动和模仿行为。

由于目前国家的政策导向发生变化，对基本公共服务民生领域的关注日益增加，重点要解决基本公共服务发展不平衡、不充分的难题，故而中央政府政绩考核的重点发生转变，促使地方政府间竞争的方式也发生变化。地方政府间财政竞争的方式已经从以争取税收优惠为特征的税收竞争转变为以提供公共产品和服务为特征的支出竞争。在由生产建设型财政向公共服务型财政转变的过程中，财政功能的转变以及政府职能、政府行为的转变均会在财政支出活动和安排上反映出来。当中央政府对地方政府的政绩考核侧重于基本公共服务和社会绩效时，地方民生财政的建设情况便成为中央政府关注的重点。由于中央政府与地方政府之间存在信息不对称的问题，中央政府在考核地方政府时会以邻近地区的政策为标尺，因此出于政治晋升的考虑，地方政府容易受到其他地区的影响，标尺竞争的压力便使财政支出政策产生了扩散效应。

因此，根据前文路径分析中的相关内容，本章需要验证的第一个命题如下。

命题 1： 当邻近地区或者经济发展相似地区的人均基本公共服务支出增加时，该地区趋向于增加人均基本公共服务支出，因而地方政府在财政支出政策上呈现出策略互补的竞争行为。

地方政府间策略互动的原因有多种，那么，如何检验标尺竞争的存在？一些学者试图采用某种方法将地方政府间的策略互动归因于标尺竞争。然而，如果没有证据能够证实投票者重新选任市长是基于与邻居政府绩效的比较，那么地方政府间的策略互动将不能被有效地解释为标尺竞争。很多的实证研究试图通过探究政府分权系统下可能会影响现任政府动机的制度和政治特征，从而将标尺竞争与其他可选择的互动形式相区别。国外的相关研究主要分为两类，一类研究聚焦于政治分散化、政党竞争紧密性、地方竞选规则、投票人的政治参与等因素的作用。例如，Case 等认为州政府之间的竞争在州长能够竞选连任的情况下要比州长面临选举任期限制的情况下表现得更为激烈，由此支持了策略性税率调整的假设。[①]Besley 和 Case 研究得出，美国州政府的税收政策仅在州长获得连任资格的年份呈现出正向的策略互动。[②]另一类研究是利用涉及政府间关系的制度结构中的外生性变化来进行验证，认为国家的政策、中央政府的标准或者有关地方绩效的全国评估系统的引入等能够降低地方政府间标尺竞争的程度。例如，Revelli 分析了英国在实施国家绩效评

① Case A C，Rosen H S，Hines Jr J R. Budget spillovers and fiscal policy interdependence：evidence from the states［J］. Journal of Public Economics，1993，52（3）：285-307.

② Besley T，Case A. Incumbent behavior：vote-seeking，tax-setting，and yardstick competition［J］. American Economic Review，1995，85（1）：25-45.

估系统即 SSPR（Social Services Performance Rating）体系后地方信息外溢的程度，并关注该政策实施前后福利支出空间自相关的程度变化，以此来明确邻近地区之间的标尺竞争能否对这种空间模式进行解释。[①] 因为 SSPR 体系实施后，民众对地方政府社会服务供给绩效信息的了解增加，民众不再是处于信息弱势的一方，所以地方政府之间的模仿行为所带来的信息外溢便不那么重要了，结论是 SSPR 的实施使得地方政府福利支出的自相关程度大幅降低，削弱了地方政府间的标尺竞争，也证明了地方政府间的标尺竞争导致了地方政府福利支出的自相关。该研究探索了国家层面的地方公共服务绩效评估对地方战略互动模式的影响。Revelli 和 Tovmo 利用地方政客对地方绩效评估比较态度的调查信息对地方政府绩效的相互依赖进行了分析，证明了地方政府的相对绩效评估会带来地方绩效指标正向的空间自相关，证实了标尺竞争的存在。[②]

目前国内相关研究在验证标尺竞争时大多运用空间计量模型对地方政府之间的策略互动行为和财政支出政策的空间相关性进行解释，将标尺竞争效应的检验对象设定为一个地方的财政政策，关注地方政府间的策略互动对财政支出政策制定的影响，具体表现为不同财政支出类型下的策略互补行为或者策略替代行为。通过考察财政支出空间滞后项的权重系数来对地方政府财政支出的空间相关性进行刻画，如果系数显著为正，那么就意味着存在策略互补式的模

① Revelli F. Performance rating and yardstick competition in social service provision [J]. Journal of Public Economics，2006，90（3）：459-475.

② Revelli F，Tovmo P. Revealed yardstick competition：local government efficiency patterns in Norway [J]. Journal of Urban Economics，2007，62（1）：121-134.

仿竞争。但是，如何证明这种模仿行为背后的作用机制确实是标尺竞争呢?

标尺竞争的理论假定中比较关键的是信息外溢，在地方公共服务供给成本信息不对称的情况下，委托人将本地公共服务的生产情况与邻近辖区的结果相比较可能是一个最优的选择，从而以此评估代理人的绩效情况。[①]因此，地方政府在制定政策时并不是相互独立的，民众和公共服务供给者很可能受到邻居政府行为的影响。当获取到邻居政府的活动信息后，地方企业和民众就可以利用这些信息来确定他们希望本地政府采取什么样的财政政策。这其中的关键在于地方企业和民众得到相关辖区政府的执政信息，从而在信息外部性（Information Externality）机制下促使不同辖区政府的财政行为产生策略性关系。[②]但目前国内的研究在构造模型时缺乏关于信息的考量，同时民众或者中央政府作为委托人是否能够获取到地方政府的公共服务财政预算信息，以及对信息的理解程度如何，均不容易客观测量，因此本书试图用财政透明度作为地方政府绩效信息对称程度的代理变量。

目前国内关于财政透明度对财政支出影响的研究有很多。例如，刘佳研究了财政透明度对财政支出结构的影响，发现财政透明度对公共服务支出的影响并不显著。[③]李燕和王晓认为财政透明度是政府

① Courty P，Marschke G. Benchmarking performance［J］. Public Finance & Management，2004，4（3）：288-316.

② 王守坤，任保平. 中国省级政府间财政竞争效应的识别与解析：1978 ~ 2006 年［J］. 管理世界，2008（11）：32-43，187.

③ 刘佳. 地方政府财政透明对支出结构的影响：基于中国省级面板数据的实证分析［J］. 中南财经政法大学学报，2015（1）：21-27，158.

治理能力的一种表现形式，而政府治理能力对财政支出效率而非财政支出水平产生积极影响，研究结果表明，财政透明度的提高有利于政府在公众的监督下依法依规开展财政资源配置活动，减少寻租和腐败，从而不断提升财政支出效率。[①] 梁城城和王永莉实证分析了财政透明度、财政支出分权及其交互项对财政支出结构的影响，结果表明：财政透明度对教科文卫支出比重和社会保障支出比重有正向影响，但仅对社会保障支出比重影响显著；财政透明度和财政支出分权两者的交互项对教科文卫支出比重有显著影响，但对社会保障支出比重的影响不显著。[②] 冯力沛认为，省级财政透明度对社会保障和就业支出会产生影响。[③] 李丹和裴育的研究表明，财政透明度对社会保障与就业支出的影响显著，但对其他民生类支出的影响并不显著。[④] 段龙龙和董雯研究得出，逐步提高的财政透明度已经有效助推了地方民生性支出的扩张，财政透明化对地方官员实施生产型财政竞争的约束效应已初步显现。[⑤] 从上述研究中可以发现，关于财政透明度对当地基本公共服务支出影响的结论并未达成一致，这可能是模型设定上的不同所造成的。

如果地方基本公共服务财政支出之间存在空间相关性，那么我

① 李燕，王晓．国家治理视角下我国地方财政透明对财政支出效率的影响研究［J］．中央财经大学学报，2016(11)：3-10.

② 梁城城，王永莉．财政透明度、财政支出分权与财政支出结构：基于省级面板数据的实证研究［J］．财会月刊，2015 (23)：70-74.

③ 冯力沛．省级财政支出结构对城乡居民收入之比的影响：基于财政透明的视角［J］．税收经济研究，2015，20 (1)：77-84.

④ 李丹，裴育．财政透明度对财政资金配置效率的影响研究［J］．财经研究，2016，42 (2)：40-49.

⑤ 段龙龙，董雯．中国式税收分权、财政透明度与地方民生性支出［J］．商业研究，2016 (9)：71-77.

国是否存在该类支出的标尺竞争呢？根据标尺竞争理论，其内在机理的关键在于在信息外溢基础上该地区与标尺地区之间存在财政支出策略互动关系。Allers 认为标尺竞争的关键是透明度，如果管理者的绩效信息不能从政府产出和税率设定等财政政策这种直接的方式中获得，那么标尺竞争很可能是有偏的。[①] 因此，本书试图用地方政府的财政透明度作为地方政府与上级中央政府或者民众之间信息对称情况的代理变量，从而间接考察地方政府之间支出模仿行为中的信息外溢情况。在自上而下方向的标尺竞争下，假设当地的财政透明度较低，“邻居”地区的财政透明度较高，那么上级政府便需要参考邻近地区特别是经济特征相似地区的公共服务政策信息来对该地区进行衡量，进而使得当地政府趋向于模仿其他地区的公共服务政策，即呈现策略互补的态势。本章需要验证的第二个命题如下。

命题 2：当邻近地区的财政透明度较高时，中央政府对当地进行考核时会参考邻近地区的基本公共服务财政支出水平，因此面对上级考核的压力，当地政府会趋向于模仿邻近地区的基本公共服务财政政策，以在晋升评价中获取竞争优势。

5.3.2 构建空间杜宾模型

本书利用空间计量经济学工具来分析地方政府财政政策的空间策略反应函数，从而明确地方政府在支出政策上是否存在竞争行为。

① Allers M A. Yardstick competition, fiscal disparities, and equalization [J]. Economics Letters, 2012, 117 (1): 4-6.

Brasington 认为如果不能将地方政府之间存在的空间依赖性考虑在内，那么将会导致辖区间竞争实证分析估计的偏误，因为一旦地方政府在空间上的相互依赖被适当地考虑进来后，那么在财政竞争的测量中，其在统计意义和经济意义上的显著性有可能消失或者强化。[①] 在空间计量模型中，特定地区空间单元上的某种现象或某一属性值与邻近地区空间单元上的同一现象或属性值呈现相关性，这种策略互动在计量经济学文献中被看作空间的自相关。如果各辖区在基本公共服务财政支出方面存在空间相关性，那么使用空间计量模型分析地方政府间的支出竞争是比较合适的。

关于地方政府之间的模仿竞争关系中是否存在显著的空间相关性，现有研究大多借助于莫兰指数（Moran's I）进行检验。莫兰指数是最常用的空间自相关指标，用于测量特定变量在地理空间范围内的相互依赖程度。这种测量意味着存在较明显的基于地理位置因素的空间模式。莫兰指数值的浮动范围一般为［-1，1］，其中：当莫兰指数值大于 0 时，则说明各地区的变量存在空间集聚上的正相关关系，即在设定权重的前提下，空间位置相邻或者社会经济发展相似地区的观测值表现出一定程度的相似性；当莫兰指数值为 0 时，则说明各地区变量的空间分布是随机的，变量与地理区位或者经济区位的分布是相互独立的，即不受空间的影响；当莫兰指数值小于 0 时，则说明各地区的变量存在空间负相关关系，即地理位置相邻或者社会经济发展相似地区的观测值是不相似的。因此，莫兰指数值

① Brasington D M. Public-and private-school competition：the spatial education production function［M］// Asada T，Ishikawa T.Time and Space in Economics. Tokyo：Springer，2007：175-203.

的绝对值越高，说明检验变量的空间相关性越强。莫兰指数的计算公式如下：

$$\text{Moran's I}=\frac{\sum_{i=1}^{n}\sum_{j=1}^{n}W_{ij}(Y_i-\bar{Y})(Y_j-\bar{Y})}{S^2\sum_{i=1}^{n}\sum_{j=1}^{n}W_{ij}}$$

其中：Y_i 和 Y_j 分别为省份 i 和 j 的基本公共服务财政支出人均值；$\bar{Y}$ 为考察指标地方基本公共服务财政支出的均值；S^2 为相对应的方差，一般用于衡量指标偏离均值的程度；W_{ij} 为空间权重矩阵，权重矩阵的设置非常重要，是计算莫兰指数和后续进行空间性分析的关键，本书选择相邻权重来计算莫兰指数。通过检验莫兰指数能够呈现基本公共服务财政支出的空间相关性，但要确定空间策略互动背后的机制，还需要选择合适的空间计量模型进行分析。一般来说，空间计量经济学中的模型设定根据研究中“空间”设定因素的具体体现方式存在差异。目前的空间回归模型主要有两种：一种是空间滞后模型（Spatial Lag Model，SLM），将空间相关性表示为空间滞后变量；另一种是空间误差模型（Spatial Error Model，SEM），各地区变量的相互关系在模型中通过其误差项来体现。LeSage 和 Pace 研究构建了空间杜宾模型（Spatial Durbin Model，SDM），将多种空间结构纳入计量模型中，即空间杜宾模型是同时包含了空间滞后的因变量和空间滞后的自变量等多种空间结构的空间计量模型。①

① LeSage J，Pace R K. Introduction to spatial econometrics［M］. New York：Chapman and Hall/CRC，2009.

在以往关于标尺竞争的实证研究中，很多文献选取的是空间滞后模型，实际上这是一个线性回归模型，其中因变量依赖于其空间滞后项的系数值以及一系列反映经济社会特征的控制变量，因变量测量的是税收政策或者辖区公共服务支出政策本身，而其空间滞后项的系数值则测量的是“邻居”政府的税收政策和公共服务支出政策。在这个模型中，空间滞后因变量的系数被看作辖区间互动的程度，以确保辖区间策略互动的效果与政治性标尺竞争相关联。因此，将空间滞后因变量、空间滞后自变量以及空间自相关误差项同时纳入模型中将是更好的策略。但是 Manski 指出其中至少一个互动效应必须被排除掉，否则参数不会被识别。[①]LeSage 和 Pace 认为在这些情形中最好的方式是排除空间自相关的误差项，这是由于最终模型同时包括空间滞后因变量和空间滞后自变量，即为空间杜宾模型，这是唯一一个可以输出无偏系数估计的模型。[②]

具体来说，如果有变量在模型中被遗漏了，而这些变量又与模型中未遗漏的变量存在相关性，那么对空间滞后模型进行扩展后，将空间滞后自变量纳入进去便会产生无偏的系数估计，而单纯的空间滞后模型将不会有此效果。除此之外，加入空间滞后自变量的原因还有一个。Boarnet 和 Glazer 认为上级拨款的溢出效应也可以被解释为标尺竞争的一种形式，投票人如果看到邻近辖区得到了一定数量的拨款，而本地并未获得，那么投票人可能会将这种结果归

① Manski C F. Identification of endogenous social effects: the reflection problem [J]. The Review of Economic Studies, 1993, 60 (3): 531-542.

② LeSage J, Pace R K. Introduction to spatial econometrics [M]. New York: Chapman and Hall/CRC, 2009.

结为地方州长能力低下，因此将降低地方支出的需求。而在模型方面，如果公共服务支出水平需要依赖于辖区所接受拨款的数量，那么邻近辖区所接受拨款数量的空间加权平均也会影响本地的公共服务支出水平，因此自变量的空间滞后项也需要纳入模型中予以考虑。①

由于本书需要分析财政透明度的空间效应，因此构建的模型不仅需要包括因变量基本公共服务财政支出的空间滞后效应，还需要包括自变量财政透明度的空间滞后效应。空间杜宾模型是针对遗漏解释变量的空间计量模型，是唯一一个可以输出无偏系数估计的模型。因此，选择空间杜宾模型来开展具体分析比较合适。

另外，本书考虑将空间和时间固定效应纳入模型中。之所以要加入空间固定效应是因为需要控制时间不变下的特定空间变量，它们的遗漏将会导致在截面数据的研究中输出有偏的估计值。在实证分析中，本书也会检测空间固定效应的联合显著性，以及随机效应能否取而代之。相类似地，加入时间固定效应的原因是需要控制住所有的空间不变、特定时间下的变量，它们的遗漏会导致在时间序列的研究中输出有偏的估计值。需要强调的是，在空间权重矩阵中包括对角元素在内的所有元素均为 $1/N$ 时，时间固定效应与空间自相关误差项是相同的。尽管后者在空间计量经济学中并不常见，但是它意味着时间固定效应确实有能力去纠正误差项中的空间交互作用，例如，空间模型中未被观察到的冲击或者在同一周期不同辖区内同

① Boarnet M G, Glazer A. Federal grants and yardstick competition [J]. Journal of Urban Economics, 2002, 52 (1): 53-64.

时增加或者减少的变量。

根据上文的分析，本书用于检验地方政府财政支出标尺竞争的空间面板杜宾模型设定为：

$$y_{it}=\rho\sum_{j=1\ j\neq i}^{n}W_{ij}y_{it}+ft_{it}\beta_1+\sum_{j=1\ j\neq i}^{n}W_{ij}ft_{it}\theta_1+X_{it}\beta_2+\sum_{j=1\ j\neq i}^{n}W_{ij}X_{it}\theta_2+\gamma_i+\gamma_t+\varepsilon_{it}$$

其中：y_{it} 代表第 i 个省份在第 t 年的基本公共服务财政支出人均值；系数 ρ 反映了财政支出变量的空间相关性；ft_{it} 代表财政透明度；β_1 代表财政透明度 ft_{it} 对财政支出 y_{it} 的影响；系数 θ_1 反映了财政透明度变量的空间相关性；X 代表一系列的控制变量，包括年龄构成（0~14 岁占比、65 岁以上占比）、城镇人口占比、财政自给率、第一产业占比、投资率等；γ_i 代表省份的固定效应；γ_t 代表时间的固定效应。

W 在空间计量模型中表示空间权重矩阵，其中 W_{ij} 代表第 i 个省份和第 j 个省份在空间地理位置上存在的相关关系，对角线元素则取值为 0。邻近矩阵在国内应用最为广泛，如果 i 和 j 空间上相邻，那么 $W_{ij}=1$，如果 i 和 j 空间上不相邻，那么 $W_{ij}=0$，以此来考察其他地区的变量指标对本地区的影响。除此之外，本书考虑增加人均 GDP 差距权重矩阵，即从经济因素考虑空间权重矩阵并进行具体设置。根据标尺竞争理论，策略互动行为主要存在于“邻居”地方辖区之间，而“邻居”不仅仅指地理位置相邻，也指在经济社会人口特征方面比较相似，所以本书增加经济距离权重矩阵来刻画经济发展程度相似的地区之间是否存在空间上的策略互动行为。具体参考卢洪友和龚锋[①]的研究，构建人均 GDP 差距权重矩阵，通过将两个省份人均 GDP 差距的倒数作为权重，对各省份之间的“相邻”程度进行赋值。在构建经济距离权重矩阵时，不考虑地理位置因素，即不管是否邻近，假定所有省份均会对特定省份的基本公共服务财政支出产生影响，但是影响程度由各自人均 GDP 差距的倒数来决定。人均 GDP 差距权重矩阵的表达式为：

$$W_{ij}=1/\left|人均\ GDP_i-人均\ GDP_j\right|\ (i\neq j)$$

解释变量 $\sum_{j=1\ j\neq i}^{n} W_{ij}y_{it}$ 代表基本公共服务财政支出的空间滞后项，表示第 t 年第 i 个省份的其他邻近或者经济发展相似地区基本公共服务财政支出的加权平均，反映了省级基本公共服务财政支出政策的空间相互依赖。ρ 为空间滞后项的系数，如果 ρ 显著不为 0，则表示省级政府基本公共服务财政支出政策存在策略互动，具体来说：如果 ρ 显著大于 0，则意味着省级政府在制定基本公共服务财政支出政策时采取的是互补性策略；如果 ρ 显著小于 0，则意味着省级政府在制定基本公共服务财政支出政策时采取的是替代性策略。

ft_{it} 为财政透明度，是重要的解释变量。$\sum_{j=1\ j\neq i}^{n} W_{ij}ft_{it}$ 为自变量财政透明度 ft_{it} 与空间权重矩阵的交叉项，代表的是自变量财政透明度的空间滞后项，表示邻近省份的财政透明度对本省份基本公共服务财政支出的影响。θ 为交叉效应的系数，$\theta>0$ 表明具有正向作用，$\theta<0$ 表明具有负向作用。控制变量 X 的空间效应与解释变量相类似。

---

① 卢洪友，龚锋 . 政府竞争、“攀比效应”与预算支出受益外溢［J］. 管理世界，2007（8）：12-22.

5.3.3　变量选取与数据来源

被解释变量 y_{it} 是基本公共服务财政支出。在以往的文献中，财政支出的测度形式有三种：财政支出总量、财政支出人均值和财政支出占预算内财政支出的比例。其中，财政支出人均值的应用比较广泛，因为这一指标一方面可以排除规模因素的干扰，另一方面相比结构百分比来说，可以更为准确地呈现出政府基本公共服务供给在数量和结构方面存在的差异（由于中国各省份在人口、面积方面存在很大不同，因此用占比来表示各地的财政支出无法有效反映其全貌）。具体计算参照上文，以省级各年预算内基本公共服务财政支出总量除以年末人口总数来表示。

重要的解释变量是财政透明度，其数据来源于上海财经大学发布的《中国财政透明度报告》中的省级财政透明度指数。指数为通过网络、出版物和政府机构申请三种途径了解的财政信息公开情况的评估结果，满分情况下指数为 100。

根据以往相关的实证研究，本书模型中引入了影响基本公共服务财政支出的六个控制变量。X_1 是财政自给率，用预算内财政收入除以预算内财政支出的值来表示。财政状况越好的地区，一方面越有可能在经济发展高级阶段注重地方居民的公共服务偏好，从而加大相应的财政支持力度，另一方面也越有可能将更多的资源消耗在政绩工程或者行政消费上，导致财政资源利用效率下降，或者是为了在基于要素流动的政府竞争中谋求更有利的地位而将更多的资源用于经济性支出，进一步导致民生性基本公共服务财政支出不足。[①] X_2 是城镇化率，用城镇人口占年末总人口的比重来表示，用于衡量一个地区的城市化进程，体现各省份的城乡结构特征。X_3 是产业结构，用第一产业产值占 GDP 的比重来表示，代表地方财政资源的丰富情况。一般来讲，地方税收主要来自第二、第三产业及其他行业，而来自第一产业的税收较少。若该变量数值较大，即第一产业比重较高，则表明该省份的经济状况相对落后。[②] 人口的年龄结构用 X_4 即"14 岁以下人口占总人口的比重"和 X_5 即"65 岁以上人口占总人口的比重"来表示。人口年龄结构不同，对基本公共服务类型的需求也会不一样，从而会对社会性财政支出结构产生影响。例如，在老年人口占比高的省份，民众对社会保障公共服务的需求会较大，从而对财政提出更多要求。X_6 是投资率，用全社会固定资产投资总额占 GDP 的比重来衡量，反映一个地区的资本投入情况。

关于数据形式，本书参照大部分文献的做法，运用同一时点上各省份和不同时点同一省份的基本公共服务财政支出面板数据来研究我国省级政府的支出竞争问题。面板数据相对截面数据来说更具优势，能够对回归系数进行估计以及更加全面地衡量支出决策的复杂性。由于面板数据的特点是包含了多个时点、多个地区，因此数据可能存在非线性关系以及序列不平稳。本书参照李涛和周业安[③]的做法，对模型中纳入的所有自变量和因变量均通过自然对数形式进

① 傅勇．中国式分权、地方财政模式与公共物品供给：理论与实证研究［D］．上海：复旦大学，2007.

② 王守坤，任保平．中国省级政府间财政竞争效应的识别与解析：1978 ~ 2006 年［J］．管理世界，2008（11）：32-43.

③ 李涛，周业安．中国地方政府间支出竞争研究：基于中国省级面板数据的经验证据［J］．管理世界，2009（2）：12-22.

行数据预处理，使得在计量模型中各回归系数呈现的是经济学意义上的弹性。

本书选取 2007—2016 年我国 31 个省（自治区、直辖市）的面板数据（由于数据可得性问题，本书不包括香港、澳门和台湾的数据）。考虑到 2007 年支出科目调整前后各支出类别存在统计口径上的差异，不具有可比性，加上 2006 年中央政策文件首次提出构建基本公共服务体系，因此数据均来自 2008—2017 年《中国统计年鉴》以及各省（自治区、直辖市）的统计年鉴。财政透明度的数据来源于上海财经大学发布的《中国财政透明度报告》，该报告从 2009 年开始发布，2009 年报告中财政透明度的数据反映的是 2007 年我国 31 个省份的财政透明度情况。本书整理汇总了 2007—2009 年、2011—2015 年的财政透明度数据，缺少 2010 年、2016 年的数据，缺失值根据前后两年的增长比率推算补齐。

5.3.4　实证结果分析

通过对面板数据进行莫兰指数检验，得到 2007—2016 年我国 31 个省份基本公共服务财政支出的莫兰指数正态统计量值，其显著为正，如表 5-1 所示。在邻近矩阵中，莫兰指数值为 0.3616；在经济矩阵中，莫兰指数值为 0.2487。这表明我国 31 个省份的基本公共服务财政支出在空间上具有显著的正自相关关系，可以拒绝空间自相关不存在的假设，由此说明地方政府可能存在策略互动行为，但背后的机制如何还需要通过空间计量模型做进一步的分析。

表 5-1 2007—2016 年我国 31 个省份基本公共服务财政支出莫兰指数结果

	邻近矩阵		经济矩阵	
	系数	P 值	系数	P 值
Moran's I	0.3616	0.0000	0.2487	0.0000

为了识别各地区与其相邻地区之间的相关关系，本书通过反映空间相关关系系数的莫兰散点图进行深入的空间集聚情况分析，如图 5-6 和图 5-7 所示。由图可见，不管是邻近矩阵还是经济矩阵，2016 年我国 31 个省份在基本公共服务财政支出方面呈现出块状集聚的特征。

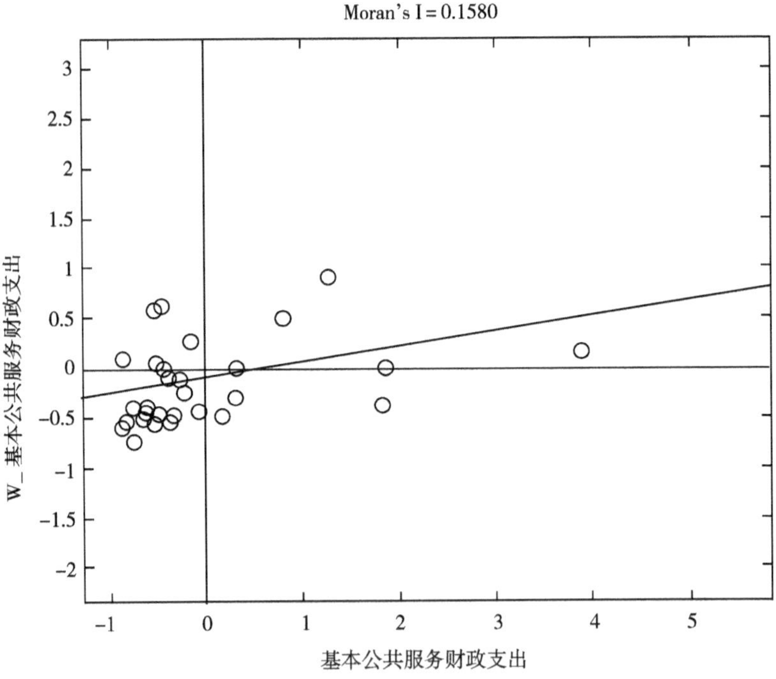

图 5-6 2016 年基本公共服务财政支出空间邻近矩阵散点图

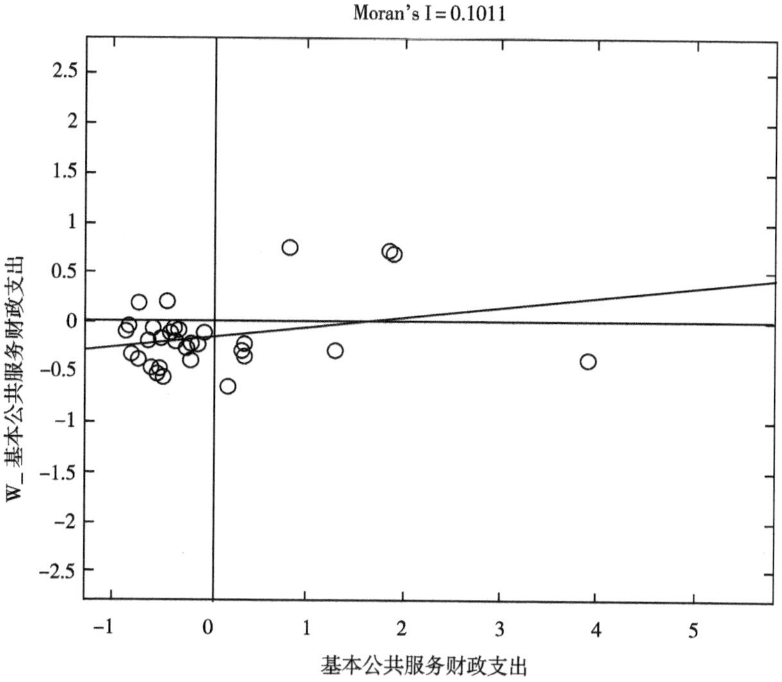

图 5-7　2016 年基本公共服务财政支出空间经济矩阵散点图

我们可以根据 Moran's I 散点图划分出四种局部集聚模式。在散点图中，横轴表示当地基本公共服务财政支出，纵轴表示基本公共服务财政支出的空间滞后项。根据支出水平的高低（H 代表支出水平较高，L 代表支出水平较低）来进行象限划分，具体可以划分为四个象限，分别是：高高集聚（H–H）、高低集聚（H–L）、低低集聚（L–L）和低高集聚（L–H）。从图 5-6 和图 5-7 中可以看出，高度集聚的区域主要是 L–L 区域。

从表 5-2 中可以看出，高高集聚的省份在邻近矩阵中为新疆、天津、青海和西藏，而在经济矩阵中为天津、上海和北京。低低集聚的省份的数量在邻近矩阵和经济矩阵中分别为17个和20个，占到省份总数量的一半以上。高低集聚的省份在邻近矩阵中有海南、内蒙古、宁夏、上海、北京，说明这些省份的基本公共服务财政支出水平较高，而与其地理位置邻近的省份支出水平较低；高低集聚的省份在经济矩阵中有海南、内蒙古、宁夏、新疆、青海、西藏，说明这些省份的基本公共服务财政支出水平较高，而与其经济发展相似的省份支出水平较低。低高集聚的省份在邻近矩阵中有河北、四川、黑龙江、云南和甘肃，在经济矩阵中有湖南和云南。

表5-2 2016年省级基本公共服务财政支出局部集聚模式

省份	邻近矩阵	经济矩阵	省份	邻近矩阵	经济矩阵
河南	L-L	L-L	江苏	L-L	L-L
河北	L-H	L-L	浙江	L-L	L-L
安徽	L-L	L-L	西藏	H-H	H-L
湖南	L-L	L-H	湖北	L-L	L-L
山东	L-L	L-L	贵州	L-L	L-L
广西	L-L	L-L	吉林	L-L	L-L
福建	L-L	L-L	陕西	L-L	L-L
山西	L-L	L-L	辽宁	L-L	L-L
江西	L-L	L-L	甘肃	L-H	L-L
四川	L-H	L-L	重庆	L-L	L-L
黑龙江	L-H	L-L	海南	H-L	H-L
广东	L-L	L-L	内蒙古	H-L	H-L
云南	L-H	L-H	宁夏	H-L	H-L

续表

省份	邻近矩阵	经济矩阵	省份	邻近矩阵	经济矩阵
新疆	H–H	H–L	上海	H–L	H–H
天津	H–H	H–H	北京	H–L	H–H
青海	H–H	H–L			

考虑到使用普通最小二乘法（OLS）来估计模型的系数会导致估计结果有偏或无效，本书将利用极大似然估计法进行系数估计。由于地方政府在预算支出上存在相互影响，当地基本公共服务财政支出与其空间滞后项是同时决定的，因此作为解释变量的空间滞后项存在一定的内生性，导致与误差项呈现相关性。如果使用 OLS 估计，那么结果便是有偏的，所以必须采用其他的方法进行估计。目前运用较多的是极大似然估计法（ML），本书采用该方法进行估计。

表 5–3 空间杜宾模型的回归结果表明，在邻近矩阵和经济矩阵的回归结果中，空间固定和时空固定的 R^2 值比较大，而空间固定的 LogL 值小于时空固定的 LogL 值，空间固定模型较优，所以这里选取空间固定模型的结果进行分析。

表 5-3 空间杜宾模型回归结果

	邻近矩阵				经济矩阵			
	无固定效应	空间固定	时间固定	时空固定	无固定效应	空间固定	时间固定	时空固定
常数	−1.1457 （0.1818）				1.0103 （0.2509）			
财政透明度	0.0148 （0.5433）	−0.0045 （0.7142）	−0.0227 （0.3242）	−0.0101 （0.3527）	0.0003 （0.9880）	−0.0238** （0.0436）	−0.0015 （0.9491）	−0.0134 （0.2108）
财政自给率	−0.5106*** （0.0000）	0.0599 （0.3389）	−0.5682*** （0.0000）	−0.0157 （0.7898）	−0.6405*** （0.0000）	0.0919 （0.1496）	−0.6931*** （0.0000）	0.0223 （0.7078）
城镇人口占比	0.6059*** （0.0000）	1.1653*** （0.0000）	0.5472*** （0.0000）	1.2396*** （0.0000）	0.6248*** （0.0000）	1.2290*** （0.0000）	0.5950*** （0.0000）	1.2356*** （0.0000）
第一产业占比	−0.3275*** （0.0000）	−0.2139*** （0.0000）	−0.3347*** （0.0000）	−0.1760*** （0.0001）	−0.1159*** （0.0000）	−0.1804*** （0.0010）	−0.1877*** （0.0000）	−0.1958*** （0.0000）
年龄构成（0~14岁人口占比）	−0.3428*** （0.0001）	−0.0513 （0.5375）	−0.3799*** （0.0000）	−0.0245 （0.7383）	−0.0406 （0.5903）	−0.0382 （0.6382）	−0.0984 （0.1470）	0.0253 （0.7403）
年龄构成（65岁以上人口占比）	−0.2347*** （0.0025）	0.0657 （0.3139）	−0.2087*** （0.0027）	0.0815 （0.1466）	−0.3056*** （0.0000）	−0.0377 （0.4904）	−0.1445** （0.0252）	0.0604 （0.2394）
投资率	0.3544*** （0.0000）	0.0930*** （0.0093）	0.2743*** （0.0000）	0.1132*** （0.0003）	0.1816*** （0.0000）	0.0720** （0.0393）	0.1349*** （0.0010）	0.1056*** （0.0008）
*W** 财政透明度	0.1560*** （0.0021）	0.0443* （0.0781）	0.0527 （0.3325）	0.0264 （0.2973）	0.1275*** （0.0020）	0.0100 （0.6066）	0.0653 （0.1323）	0.0235 （0.2068）

续表

	邻近矩阵				经济矩阵			
	无固定效应	空间固定	时间固定	时空固定	无固定效应	空间固定	时间固定	时空固定
W* 财政自给率	0.0636	–0.0971	–0.4546***	–0.3352***	0.1639	–0.2684***	–0.2999***	–0.3750***
	（0.5246）	（0.2762）	（0.0000）	（0.0074）	（0.1321）	（0.0019）	（0.0100）	（0.0021）
W* 城镇人口占比	0.3902*	–0.4270*	0.5153**	–0.5785**	0.1299	0.1306	0.5268**	0.1440
	（0.0892）	（0.0984）	（0.0254）	（0.0298）	（0.5685）	（0.6005）	（0.0292）	（0.6041）
W* 第一产业占比	0.1084**	–0.2186**	–0.0813	–0.1629	–0.2760***	–0.2220**	–0.2083***	–0.0877
	（0.0344）	（0.0378）	（0.1013）	（0.1416）	（0.0000）	（0.0365）	（0.0000）	（0.4679）
W* 年龄构成（0~14 岁人口占比）	0.9495***	–0.5271***	0.5086***	–0.3393**	0.0791	0.1683	–0.0449	0.5093***
	（0.0000）	（0.0006）	（0.0002）	（0.0339）	（0.6472）	（0.2899）	（0.8072）	（0.0031）
W* 年龄构成（65 岁以上人口占比）	–0.0211	–0.0160	–0.2126	–0.0187	0.4041***	–0.0587	0.5606***	0.2468**
	（0.8824）	（0.8682）	（0.1524）	（0.8680）	（0.0006）	（0.4713）	（0.0001）	（0.0156）
W* 投资率	–0.2611***	–0.1106*	–0.3580***	0.1229	0.2157***	–0.0291	–0.1033	0.0862
	（0.0011）	（0.0884）	（0.0000）	（0.1120）	（0.0092）	（0.6682）	（0.2460）	（0.2659）
ρ	0.6619***	0.7329***	0.1259*	0.1109	0.5329***	0.6919***	–0.0779	0.1669**
	（0.0000）	（0.0000）	（0.0927）	（0.1393）	（0.0000）	（0.0000）	（0.2412）	（0.0161）
R^2	0.9288	0.9878	0.9463	0.9900	0.9220	0.9887	0.9407	0.9903
LogL	124.3024	390.8612	187.2894	448.9328	117.0788	403.5325	172.2855	452.3944

注：1. *、**、*** 分别表示在 10%、5% 和 1% 的水平上显著。

2. 括号里面的值表示 P 值。

在邻近矩阵的回归结果中，基本公共服务财政支出空间滞后项的系数 ρ 是 0.7329，通过了 1% 的显著性检验，说明周边邻近地区的基本公共服务财政支出人均值对本地的基本公共服务财政支出人均值具有溢出效应，验证了命题 1 的理论假设，即当邻近地区基本公共服务财政支出人均值增长 1% 时，该地区同向增长 0.7329%，存在策略互补的模仿性竞争行为。与现有研究中郭庆旺和贾俊雪[①]、李涛和周业安[②]、王美今等[③]、郭玉清等[④]的结论一致，地区间激烈的竞争关系对各地创建服务型政府具有重要的推动作用，它不仅强化了地方政府的干中学意愿，而且放大了地方经验的扩散效应[⑤]。

*W** 财政透明度的回归系数为正，并且在 10% 的水平上显著，说明周边地区的财政透明度对本地区基本公共服务财政支出人均值的提高具有促进作用。邻近地区财政透明度每增长 1%，本地基本公共服务财政支出人均值便会同向增长 0.0443%，说明邻近地区财政透明度的提高增加了当地政府的考核压力，从而趋向于模仿邻近地区的财政支出政策，即存在信息外溢角度下的标尺竞争效应，验证了命题 2 的理论假设。因此，邻近地区财政透明度的高低会影响地方政府策略互动的方向。而本地财政透明度对基本公共服务财政支出人

① 郭庆旺，贾俊雪．地方政府间策略互动行为、财政支出竞争与地区经济增长［J］．管理世界，2009（10）：17-27，187.

② 李涛，周业安．中国地方政府间支出竞争研究：基于中国省级面板数据的经验证据［J］．管理世界，2009（2）：12-22.

③ 王美今，林建浩，余壮雄．中国地方政府财政竞争行为特性识别："兄弟竞争"与"父子争议"是否并存?［J］．管理世界，2010（3）：22-31.

④ 郭玉清，姜磊，李永宁．空间外部性视角下的地方政府支出策略互动模式［J］．经济地理，2012，32（5）：30-36.

⑤ 李永友．公共服务型政府建设与财政支出结构效率［J］．经济社会体制比较，2011（1）：67-78.

均值影响的回归系数为负值，但并未通过显著性检验。

在控制变量中，本地的城镇人口占比和投资率对本地基本公共服务财政支出人均值产生了积极的、显著的影响（系数为正，并且都通过了显著性检验），而第一产业占比则相反。在控制变量的空间效应中，*W** 城镇人口占比、*W** 第一产业占比、*W** 年龄构成（0~14 岁人口占比）、*W** 投资率的回归系数均为负值，并且都通过了显著性检验，说明邻近地区的城镇人口占比、第一产业占比、0~14 岁人口占比和投资率都对本地区的基本公共服务财政支出人均值产生了消极的影响，具有抑制作用。而财政透明度、财政自给率、0~14 岁人口占比和 65 岁以上人口占比的回归系数都没有通过显著性检验，说明本地区财政透明度、财政自给率和人口结构对本地区基本公共服务财政支出水平的影响不明确。*W** 财政自给率和 *W** 年龄构成（65 岁以上人口占比）的回归系数也没有通过显著性检验，说明邻近地区的财政自给率和 65 岁以上人口占比对本地区基本公共服务财政支出水平的影响也不明确。

在经济矩阵的结果中，ρ 的回归系数为 0.6919，并且通过了 1% 的显著性检验，说明经济发展相似地区的基本公共服务财政支出对本地区的同类别财政支出具有积极的影响。*W** 财政透明度的回归系数为正，没有通过显著性检验，但是本地财政透明度每提高 1% 会使地方政府基本公共服务财政支出人均值降低 0.0238%（回归系数通过了显著性检验），这可能是因为改善投票者的信息情况后，标尺竞争会增加糟糕或者低效政府模仿高效政府的成本，从而削弱或者减少政府间的模仿行为[①]，这从侧面说明经济发展相似地区之间财政支出政策策略互动背后的机制有可能是标尺竞争。

从其他控制变量的回归系数中可以看出，第一产业占比的回归系数为负，通过了显著性检验，说明第一产业占比与基本公共服务财政支出负相关；城镇人口占比和投资率的回归系数为正，通过了显著性检验，说明城镇人口占比和投资率对本地区的基本公共服务财政支出具有促进作用。在控制变量的空间效应中，*W** 财政自给率和 *W** 第一产业占比的回归系数为负，通过了显著性检验，说明经济发展相似地区的财政自给率和第一产业占比对本地区的基本公共服务财政支出具有抑制作用。其他变量的回归系数并没有通过显著性检验，说明这些变量对基本公共服务财政支出人均值的影响还有待进一步研究。需要注意的是，部分变量系数不显著可能是因为纳入了空间滞后自变量以及固定效应。

① Bordignon M，Cerniglia F，Revelli F. Yardstick competition in intergovernmental relationships：theory and empirical predictions [J]. Economics Letters，2004，83 (3)：325-333.

第 6 章　地方政府间支出竞争影响基本公共服务质量的实证分析

第 5 章关于我国省级政府间支出竞争的实证分析显示，我国省级政府之间在基本公共服务财政支出政策方面存在标尺竞争，那么该类模仿式支出竞争对基本公共服务质量具有促进作用还是阻碍作用呢？本章将对此进行实证分析。

6.1　引言

根据理论假设，地方政府间支出竞争对基本公共服务质量的影响是通过四种直接或者间接的竞争效应来实现的。本章对地方政府间支出竞争是否存在公共服务效应进行具体研究，并将财政分权这一重要的制度变量纳入模型中，重点探究财政分权制度背景下支出竞争对基本公共服务质量的作用。

关于地方政府间竞争变量的处理，目前学术界尚未达成共识。由于地区间的竞争往往表现为多种形式，如财政支出竞争、税收竞争、政府规制竞争、标尺竞争等，因此测量方法也各有不同。常用的测量方法主要分为两类：一类是根据竞争的目标来对税收竞争进行替代处理，如傅勇和张晏[①]、张军等[②]根据地方政府竞争的目标，使用外商直接投资（FDI）来间接表示省级政府之间税收竞争的强度；另一类是为了衡量支出竞争的强度，使用地方政府的支出规模或者占比来进行表示，如踪家峰等[③]。

本书关注后一种支出竞争的表示方法。由于以往的研究是根据本地政府的支出情况来判定支出竞争的强度，缺乏与同层级政府的政策比较，进而无法对竞争程度进行有效刻画，因此本书基于标尺竞争的视角，将空间计量方法引入模型中，从而能够刻画省级政府间的策略互动。本书在上一章中运用空间杜宾模型对地方政府在支出政策上的竞争行为进行了实证分析，并得出了省级政府间支出竞争的强度。为了研究地方政府间支出竞争对基本公共服务质量的作用，本书将利用上一章中基本公共服务财政支出政策标尺竞争的空间效应拟合值，来估计其对基本公共服务质量产生的影响。根据第3章的路径分析，本书认为省级政府在基本公共服务财政支出政策上的标尺竞争对基本公共服务质量具有促进作用。

命题1：地方政府间支出竞争与基本公共服务质量正相关，即标尺竞争视角下的地方政府间基本公共服务支出竞争越激烈，越有利于当地基本公共服务质量的提升。

财政分权与地方政府间支出竞争存在紧密关联，其赋予了地方政府在支出方面的极大权力，使得地方政府在财政资源配置方面具

---

① 傅勇，张晏．中国式分权与财政支出结构偏向：为增长而竞争的代价［J］．管理世界，2007（3）：4-12，22.

② 张军，高远，傅勇，等．中国为什么拥有了良好的基础设施？［J］．经济研究，2007（3）：4-19.

③ 踪家峰，蔡伟贤．中国地方财政支出趋同研究［J］．财贸经济，2008（7）：41-45.

有较为广阔的发挥空间，从而极大地影响地方政府间的竞争行为，并间接地影响经济与社会的均衡发展。因此，财政分权是地方政府间基于要素流动的财政竞争的重要基础。财政分权理论起源于财政联邦主义理论，该理论分为第一代和第二代，主要强调地方政府作为财政行为主体在税收政策和支出政策方面的自主权利。

第一代财政联邦主义理论主要围绕财政分权制度和地方公共服务二者之间的关联性进行探究。在财政的职能划分中，收入分配和社会稳定的职能由于涉及全国范围，超越了地方辖区的限制，因此由中央政府来承担比较合适。而地方辖区负责人在资源配置领域担任重要角色，作为代理人需要为委托人供给充分多样的地区公共产品（或服务），这是因为相比中央政府，地方政府在供给公共服务方面具有较强的信息优势，能够提升辖区居民的福利收益。

蒂布特模型在财政分权理论体系中占有重要地位，早期地方政府间基于要素流动的竞争行为分析就是基于蒂布特模型。该模型有一系列前提条件，很多学者批判其过于完美，对社会现实的解释力度不足。例如，投票者能够自由流动与迁移，完全了解不同收支模型的差异，存在大量的社区供投票者选择，不需要考虑就业机会的限制，社区之间不存在公共产品的受益外溢问题，在特定承载力下社区规模能够达到优化以吸引投票者来此地居住、降低成本（如招商引资，吸引新的居住者）。这是一个动态的流动过程，因此形成了反映投票者偏好的收支模式。

第一代财政联邦主义理论探究中央与地方政府的职能分配和公共服务供给问题，涉及宏观层面的职责分配，而没有对地方政府背后的激励机制进行多样化的探讨。而第二代财政联邦主义理论进行了有益的补充，关注点在于财政分权与经济增长二者之间的关联，例如，钱颖一等提出了“市场维护型”联邦主义理论，对地方辖区负责人行为背后的动机、激励机制以及产生的经济社会后果进行了研究，该理论同样需要前提假设，如地方政府具有经济自主规制责任、资本等要素能够自由流动以及地方政府面临“硬预算约束”。[①]中国学者周黎安批判了将市场保护型联邦主义与中国实践相结合的做法，在此基础上解释了地方经济增长的原因，认为晋升锦标赛是将行政权力集中与强激励兼容在一起的一种治理政府官员的模式，地方负责人更多地被认为是实现政治晋升的政治人，而并非第二代财政联邦主义理论框架下获取财政收入的经济人。[②]

那么，财政分权下地方政府间的标尺竞争会对基本公共服务质量产生什么样的影响呢？一方面，财政分权下地方政府长期依赖扩大投资来实现经济增长，但“重基本建设、轻人力资本投资和公共服务”的支出结构会造成政府竞争成本的上升。[③]中央试图改变“唯GDP”的绩效考核倾向，开始关注民生类基本公共服务和社会绩效，但是地方官员在政策执行过程中容易发生慢半拍的现象——财政支出结构的固化，即忽视基本公共服务支出的现象难以在短时间内得到改变。因此，在标尺竞争初期，财政分权有可能改变地方政府基

① Qian Yingyi，Weingast B R. China’s transition to markets：market-preserving federalism，Chinese style［J］. Journal of Policy Reform，1996，1（2）：149-185.

② 周黎安 . 中国地方官员的晋升锦标赛模式研究［J］. 经济研究，2007（7）：36-50.

③ 傅勇，张晏 . 中国式分权与财政支出结构偏向：为增长而竞争的代价［J］. 管理世界，2007（3）：4-12，22.

本公共服务支出标尺竞争的性质，使其从趋好竞争转变为趋底竞争，这是支出偏好固化所带来的消极影响，从而可能出现财政分权和支出竞争的交互效应与基本公共服务质量负相关。另一方面，财政分权度的提升会增强地方政府对财政资源自主配置的权力，因此有利于保证地方公共服务供给的财力支持。高琳认为，如果中央政府在经济增长之外考核地方政府的公共服务满意度，并提高地方的财政自主度，地方政府有可能提供社会合意的公共服务。① 很多省份为了吸引一部分高技能人才流入，不断提高基本公共服务供给水平，从长远来看能够增加财政收入，吸引各种要素流入。这意味着将附着在户籍制度上的基本公共服务作为吸引这一部分人才的竞争内容。因此，财政分权和支出竞争的交互效应也有可能促进基本公共服务质量的提升。

命题 2：财政分权和支出竞争的交互项对基本公共服务质量的影响具有不确定性。

6.2　构建地理加权回归模型

现有关于地方政府间支出竞争对基本公共服务质量影响的分析相对匮乏，运用空间计量经济学模型探究支出竞争也存在一定的局限性。本书将省级政府间支出竞争的拟合值纳入模型中，并考虑空间地理位置的异质性，利用地理加权回归模型来对省级政府间支出

① 高琳．分权与民生：财政自主权影响公共服务满意度的经验研究［J］．经济研究，2012（7）：86-98.

竞争的公共服务效应进行探究。

传统的OLS回归模型具有局限性，即它仅仅是对特定变量的“均值”进行相应回归系数的估计，但我国地域广阔，各省份之间的状况差异也较大，同样的政策如支出竞争在各省份内部的传导机制是不同的，因此影响因素存在空间上的异质性。地理加权回归（Geographical Weighted Regression，GWR）模型改变了OLS回归模型中将个体研究对象视为相互独立的相关假设，将各省份数据在时间和空间上的相关性（即地理位置信息）纳入模型之中，从而能够将地理因素的非平稳性纳入省域支出竞争对基本公共服务质量影响的探究过程中。因此，地理加权回归模型适用于本书的分析。

地理加权回归模型的表达式如下：

$$y_i=\beta_0(u_i, v_i)+\sum_{k=1}^{n}\beta_k(u_i, v_i)x_{ik}+\varepsilon_i \qquad i=1, 2, 3, \cdots, n$$

式中：y_i 是因变量；x_{ik} 是自变量；ε_i 是随机误差项，服从正态分布，$\varepsilon_i \sim N(0, \sigma^2)$，$Cov(\varepsilon_i, \varepsilon_j)=0(i\neq j)$；$(u_i, v_i)$ 表示第 i 个省份的地理位置信息（本书使用省会城市的经纬度来表示）；$\beta_k(u_i, v_i)$ 表示第 i 个省份的第 k 个回归参数，是用来表示地理位置的函数形式。该模型采用局部最小加权二乘法来进行相应的逐点参数估计，其中“权”指的是回归点所在的地理位置与其他各观测对象的地理位置之间的距离函数。

$$\beta_j(u_i, v_i)=X^tW(u_i, v_i)\ X^{-1}X^tW(u_i, v_i)Y$$

上式中 W 是 $n\times n$ 阶的空间上的权重矩阵，反映了地理位置因素对参数估计的影响。较为常用的空间权重构造形式是高斯函数，该函数可以克服空间函数不连续的缺点，表达式如下：

$$W_{ij}=\exp\left(-\left(d_{ij}/b\right)^2\right)$$

式中，d_{ij} 表示两个样本省份之间的地理距离，b 表示距离带宽。

按照上述模型设定来构建本书的 GWR 模型：

$$Ser=\beta_0(u_i,\ v_i)+\beta_1(u_i,\ v_i)(\hat{\rho}WY)+\beta_2(u_i,\ v_i)(\hat{\rho}WY)\cdot fd+\beta_3(u_i,\ v_i)X+\varepsilon_i$$

式中：Ser 表示基本公共服务质量；$\hat{\rho}WY$ 表示"邻居"地区基本公共服务支出标尺竞争产生的影响；$\hat{\rho}$ 是第 5 章空间杜宾模型分析结果中因变量空间滞后项的回归系数；fd 表示财政分权度；X 作为控制变量包括财政自给率、年龄构成（0~14 岁人口占比、65 岁以上人口占比）、城镇人口占比、第一产业占比、投资率；系数 $\beta_j(u_i,\ v_i)$ 是关于地理位置（u_i，v_i）的函数；ε_i 是第 i 个省份的随机误差。

6.3　变量说明与数据来源

因变量为基本公共服务质量，是基础公共教育、基本医疗卫生、社会保障和就业领域产出指标的综合指数评价，是第 4 章运用熵值法分析得出的结果。关键的解释变量是地方政府间支出竞争，本章利用了前文空间杜宾模型中因变量空间滞后项的回归系数，将支出竞争的拟合值纳入模型中，代表"邻居"地区基本公共服务支出标尺竞争产生的影响。

财政分权一般可划分为财政收入分权和财政支出分权。学术界对于财政分权的测量存在一定的争议，对财政收入分权指标和财政支出分权指标的选择也没有固定的标准。由于本书的研究对象为地方政府的财政支出政策，此处仅关注财政支出分权的测度。同时，由于预算外支出的数据获取难度较大，所以使用的财政支出数据均为预算内支出数据。以往的文献对财政分权采取了不同的测量方式：第一种是通过各省份的人均财政支出占人均总财政支出的比值进行测量，如乔宝云等①；第二种是通过各省份预算内人均本级财政支出与中央预算内人均本级财政支出的比值进行测量，如傅勇和张晏②。第二种指标虽然能够在一定程度上反映地方财政自主权的大小，但从统计意义上看，由于该指标在分母的设置上是一样的，所以在实证分析中可能会引发多元共线性问题。因此，本书采用第一种财政分权测度方法，即财政分权度 = 省级预算内人均财政支出 /（省级预算内人均财政支出 + 中央预算内人均财政支出），其中省级预算内人均财政支出为地方预算内财政支出与省级年末总人口数的比值，中央预算内人均财政支出为中央预算内财政支出与全国年末总人口数的比值。该指标数值越大，表明财政分权的程度越高，省级政府配置本省财政资源的自主权就越大。

另外，财政自给率、年龄构成（0~14 岁人口占比、65 岁以上人口占比）、城镇人口占比、第一产业占比、投资率等控制变量的测度方式与第 5 章保持一致。

模型中基本公共服务质量的数据来源于第 4 章运用熵值法输出的省级基本公共服务质量测度结果，其余变量的数据来源于 2008 年

① 乔宝云，范剑勇，冯兴元．中国的财政分权与小学义务教育［J］．中国社会科学，2005（6）：37-46，206.

② 傅勇，张晏．中国式分权与财政支出结构偏向：为增长而竞争的代价［J］．管理世界，2007（3）：4-12，22.

和 2017 年《中国统计年鉴》以及我国 31 个省（自治区、直辖市）的统计年鉴（由于数据可得性问题，本书不包括香港、澳门和台湾的数据）。

6.4　实证结果分析

通过地理加权回归模型输出的结果可以发现，不同省份的财政支出竞争对基本公共服务质量影响的情况存在很大差异。地理加权回归模型显示，邻近矩阵和经济矩阵的空间异质性结果大体一致，这是由于两种矩阵下的空间回归系数相差不大。由于结果显示地方政府间支出竞争在经济矩阵下对基本公共服务质量的影响稍强一些，因此，本书仅对经济矩阵的结果进行详细阐述。

根据高斯函数法，可以得出本书 GWR 模型的最优带宽。对 2007 年我国 31 个省（自治区、直辖市）的截面数据运行得出最优带宽为 1.1991，拟合优度 R^2 为 0.8722。对 2016 年我国 31 个省（自治区、直辖市）的截面数据运行得出最优带宽为 4.4721，拟合优度 R^2 为 0.5349。

2007 年省级截面数据地理加权回归的实证结果如下。一方面，省级地方政府间支出竞争对基本公共服务质量的影响系数均为正值，地方政府间支出竞争对基本公共服务质量影响的直接效应显现，例如，地方政府行为的规范化以及基本公共服务领域财政支出的模仿式增加，将会保障基本公共服务领域的资金投入，而财政资源的充足必然会保障基本公共服务的产出。另一方面，回归结果呈现出较为明显的空间差异，整体表现为西部地区支出竞争对基本公共服务质量的影响要比东部、中部地区更大一些。之所以产生这种情况，首先可能是因为在基本公共服务支出标尺竞争的初期，竞争的直接效应在西部地区表现得更为强烈，而在中东部地区发挥有限；其次是因为地方政府在效率的比较方面相对隐蔽，虽然存在标尺竞争的压力，但是由于地方政府间财力差距较大，在地方政府财政支出标尺式盲目扩张的情况下，有可能引发一定程度的效率损失，因此支出竞争初期的间接效应尚未显现，中东部地区在支出效率方面有待提升。

2016 年省级截面数据地理加权回归的实证结果如下。一方面，与 2007 年相比，整体上地方政府间支出竞争对基本公共服务质量的正向影响显著增强，促进财政支出效率提升、促进供给方式创新成为新时期竞争的重点方向，支出竞争的间接效应在促进基本公共服务质量提升方面发挥重要作用。另一方面，地方政府间支出竞争对基本公共服务质量影响的空间差异不大，省级地方政府间支出竞争对基本公共服务质量均有显著的正向影响。虽然结果显示西部地区比东部、中部地区的系数估计值略高，但基本保持在 1.8 左右，即在控制其他因素的情况下，2016 年地方政府间支出竞争每增长 1%，基本公共服务质量将会同向提升 1.8% 左右。地方政府间支出竞争对基本公共服务质量影响差异的缩小表明，在当前地方政府财政增长乏力、刚性支出增长压力较大的经济新常态背景下，支出竞争的直接效应可发挥的空间进一步收窄，各省份均需要在效率提升和供给创新等支出竞争的间接效应方面做进一步改善。

上述结果验证了命题1的理论假设，即省级政府间的支出竞争有利于基本公共服务质量的提升。另外，在时空上，地方政府间支出竞争对基本公共服务质量影响的大小整体上由西向东递减，但随着对民生的逐渐重视，地方政府间支出竞争的公共服务效应差距正逐渐缩小。

关于财政分权和支出竞争的交互项对基本公共服务质量的影响，2007年省级截面数据地理加权回归的结果显示，在“唯GDP”的增长路径下，地方政府的行为模式短时间内无法改变，财政分权导致的支出结构扭曲和固化有可能改变支出竞争的方向，从而呈现出基本公共服务财政支出的趋底竞争。这种竞争在中东部地区表现得更为明显，因为中东部地区相对西部地区具有较好的地理位置和国家政策，为了追求经济绩效短期内的极大提升，中东部地区往往不愿在基本公共服务上投入过多，从而出现财政分权下基本公共服务支出的趋底竞争，不利于基本公共服务质量的改善。西部地区的经济发展相对于中东部地区比较落后，因而倾向于增加基本公共服务支出，以求在中央政府绩效考核中获取优势，从而获得更多的转移支付资金。财政分权下的支出竞争在西部地区呈现出的是趋好竞争，因此财政分权和支出竞争的交互项对基本公共服务质量的提升具有促进作用。

2016年省级截面数据地理加权回归的结果表明，相对于2007年，财政分权提升了地方政府的财力自主配置权，在绩效考核内容不断完善、支出结构不断优化的情况下，从全国范围来看，财政分权下的地方政府间支出竞争有利于基本公共服务质量的提升。虽然影响系数在西部和中东部地区仍然呈现差异，但是这种差异并不大，即财政分权和支出竞争的交互项对基本公共服务质量的提升有促进作用。

上述结果验证了命题2的理论假设，即财政分权和支出竞争的交互项对基本公共服务质量的影响具有不确定性。财政分权下的经济增长激励有可能改变基本公共服务支出标尺竞争的趋好方向，而随着民生体系的不断完善，财政分权下的支出竞争有助于基本公共服务质量的提升。

第7章　地方政府间支出竞争下提升基本公共服务质量的政策建议

为了促进基本公共服务质量的进一步提升，根据上述实证分析的结果，我国需要进一步健全地方政府间的标尺竞争机制，进而增强支出竞争的公共服务效应。另外，在全面深化改革的背景下，还需要从公共财政体系的深入改革和整体重塑出发，建立现代财政制度，完善财政分权制度，深化户籍制度改革，从而为地方政府间支出竞争机制的良性运行以及基本公共服务质量的提升创造完善的制度环境。

7.1　健全地方政府间的标尺竞争机制

按照西方经典文献中的逻辑来看，地方政府的绩效信息与民众的投票权息息相关，因而产生了自下而上方向的标尺竞争。而在我国的政治情形下，中央政府的考核形成了自上而下方向的标尺竞争。为了进一步健全我国地方政府间的标尺竞争机制，本书从两个维度提出建议：一是健全既有的自上而下方向的标尺竞争机制；二是构建自下而上方向的基于要素流动的标尺竞争机制以及地方政府间的竞争合作机制。

7.1.1 向主动型标杆管理转变，健全自上而下的标尺竞争机制

标杆管理源于企业管理领域，是企业为了提升市场竞争力而采取的管理方法，实质上是企业之间相互模仿与学习进而实现创新的过程。标杆管理引入公共部门领域之后，被视为管理绩效提升的有效工具。根据所选择标杆的来源，可以将标杆管理划分为内部性标杆管理和竞争性标杆管理两种。本书所关注的是宏观层面的竞争性标杆管理，即从外部挑选竞争对手与自身相比较。

标杆管理与标尺竞争既相似又存在不同之处。标杆管理是制度化的绩效提升的政策工具，标尺竞争是非正式的潜在规则。基于特定的发展战略，可以运用标杆管理来重塑标尺竞争的规则，从而改善地方治理体系。但是由于社会系统的复杂性，并不存在最优的财政支出结构，要依托各地不同的发展优势和制度情境，推动模仿过程中的创新实践。

标尺竞争和标杆管理二者之间的共性有两点：一是二者都涉及地方政府之间的互动关系，两个主体中存在一个标尺或者标杆，即学习的基准或者参考点，地方政府之间形成模仿和被模仿的关系；二是激励都是自上而下的，如果将两者均置于中国政治集权的制度框架下，便产生了自上而下的标尺竞争和自上而下的标杆管理。目前，省级政府绩效评价或政绩考核可分为“效能考核”“科学发展水平考核评价”“政府绩效评价”三种模式。由于中国各地的情况迥然有别，不同的评价模式表现出了地方特色和领导者的个人风格。但

总体上看，三种模式均可视为自上而下的标杆管理，甚至成为强化上级政府管治的“理性工具”。[①]当绩效评价的内容涉及基本公共服务支出时，财政支出的标尺竞争与标杆管理便出现一定程度的重合。

标尺竞争和标杆管理的不同之处如下。一是在适用范围上，标尺竞争涉及的主要是地方政府在财政政策领域的模仿性竞争，而标杆管理一般意义上所涵盖的是整个公共部门领域的绩效管理和创新性竞争。因此，可以将财政支出的标尺竞争看作标杆管理在财政政策领域中的体现。二是在表现状态上，标尺竞争是潜在的竞争状态，标杆管理是显性的学习状态。如果将两者结合，将标杆管理的思想运用到地方政府间的标尺竞争中，那便会将地方政府间的被动竞争转变为主动学习。因此，主动型标尺竞争可以看作财政支出政策领域的标杆管理。

现行标尺竞争下的地方政府容易出现跟风、趋同等行为。当中央发出政策改革的信号时，各地将中央的政绩考核内容、已有的改革探索以及国外已经成熟的经验作为标尺进行模仿。但是在信息不对称的情况下，即学习地区和被学习地区存在信息不对称时，这种模仿和趋同便会走向形式化。因此，模仿学习实践的结果也会出现参差不齐的情形，部分地区不仅达不到改良公共服务供给绩效的效果，还会浪费一定的财政资源并消耗政府的公信力。

因此，被动型的模仿式标尺竞争转化为主动型的创新式标杆管

① 郑方辉，段静．省级“政府绩效评价”模式及比较［J］．中国行政管理，2012（3）：34-38.

理，有利于地方建设学习型政府，有效促使公共部门从被动的、封闭的适应性模仿转变为主动的、开放的创造性学习。在政策的实施过程中需要不断去摸索和试错，当有可以学习和模仿的对象时，便可以吸取其他地方政策实施的经验和教训，并应用到本组织的政策运行中来，从而降低风险，节省很多成本。通过模仿、学习、创新，能够提高公共服务供给效率，改善公共部门绩效，实现既定的政策目标，不断提升自身竞争力。标杆管理一般分为三个阶段，即标杆的选择与树立、与标杆的比较和分析、标杆的模仿与创新。通过促进地方政府之间的对话和交流，可以少走一些弯路，使地方政府之间的被动标尺竞争转化为中央政府为主导的主动标杆管理，建立政策模仿中的标杆管理机制。

那么，如何将标尺竞争转变为标杆管理，从而将地方政府之间的被动型支出模仿竞争转化为主动型多领域学习呢？一是必须深入考虑模仿对象的相应政策或者改革创新与本地情况的契合性，照搬照抄绝不是标杆管理的应有之义，单纯地去“移植”或者“克隆”只能是形式主义，造成政策执行偏差。尽管同级地方政府之间存在较大的竞争，但也不能一味地模仿相近省份的财政政策。需要根据自身的资源禀赋，坚持“五位一体”的发展格局，满足人民群众的美好生活需要，解决发展中面临的不平衡、不充分的难题。二是中央政府要搭建信息平台促进地方政府之间的对话和交流，从而不断深化标杆管理的内容，促进效率提升和改革创新。同企业实施标杆管理相类似的是，公共部门实施标杆管理同样面临信息不对称的难题，包括学习型政府之间以及学习型政府与标杆政府之间的信息不对称，从而不利于标杆管理的实施。因此，中央政府可以搭建一个制度完善、信息充分的交流平台，有效发挥中央政府的指导协调作用，促进模仿政府之间以及模仿政府与被模仿政府之间在此平台上进行信息共享，进而实现合作共赢。亦即中央政府搭建平台促进相互竞争的地方政府之间的交流和互动，建立完善的制度体系，将绩效较好的地方政府树立为标杆，鼓励其他地区与该地区开展信息交流，从而促进无序的标尺竞争向有序转变。

7.1.2　完善政府绩效考核体系，构建自下而上的标尺竞争机制

为了改变财政分权下地方政府之间可能存在的基本公共服务财政支出趋底竞争的现象，除了将无序化标尺竞争转变为制度化标杆管理外，中央政府还可以在顶层设计方面完善激励考核等制度设计，促进地方政府间形成良性的支出竞争，防止标尺竞争引起地方财政支出结构的扭曲和固化，从而实现“为增长而竞争”到“为发展而竞争”的转变。

标尺竞争是信息外溢基础上横向辖区间在财政政策上的策略互补行为。在西方国家，官员的竞选连任取决于民众的投票，官员会尽量满足民众的需求，从而产生自下而上方向的标尺竞争。而在政治集权式的中国，官员的任免受到上级政府考核的很大影响，在上级政府的考核指标体系与民众的意愿相一致的情况下，就会形成自上而下方向的标尺竞争和自下而上方向的标尺竞争的统一。这种自下而上的基本公共服务供给激励机制，能够激励地方政府为了获

取民众的认同以及吸引劳动力要素流入而开展财政政策方面的标尺竞争。

首先，当政治晋升和满足民生需要相统一时，在用手投票机制实际发挥作用的情况下，就实现了自上而下方向的标尺竞争和自下而上方向的标尺竞争的统一。标尺竞争和模仿行为本身并不能是跟风和凑热闹，而是应有明确的绩效目标，绩效目标的选择对行为的后果有重要影响。对标杆主体的行为进行学习只是途径，政府只要坚持正确的目标导向，便可有效使用手中的政策工具。当辖区政府不是为了政治晋升而竞争，而是出于本辖区居民利益的最大化，那么地区之间的竞争行为就不应该是同质的，这种竞争就是蒂布特所指的辖区间竞争。但在假定各辖区委托人偏好一致的情况下，中间投票人定律也会使得各辖区出现雷同的竞争策略和行为选择，不过这与政治晋升引致的同质竞争存在差异。[①] 因此，上述具有同质性特征的竞争的主要区别便在于政策目标是为了民众的需要还是为了政府官员的晋升，当二者统一时便会形成良好的制度运行机制。如果将公民的偏好纳入政府考核中并使之占重要地位，那么用手投票机制就能够实际发挥作用。为了增强自身的合法性、认同性和权威性，地方官员的财政行为便会受到自下而上方面的制约，从而能够促进基本公共服务的充分供给。

其次，促进用手投票机制与用脚投票机制同时发力，促进基于劳动力要素流动的财政竞争。地方政府之间的竞争逐渐聚焦于人力

---

① 李永友，沈坤荣．辖区间竞争、策略性财政政策与 FDI 增长绩效的区域特征［J］．经济研究，2008（5）：58-69.

资本的竞争，为了吸引高层次人才，政府有足够的激励去增加公共投入，提高劳动生产率。根据蒂布特模型，地方政府试图提供特定的公共服务和财政收支模式组合以吸引人口前来居住，重视公民需求，将基本公共服务供给与地方偏好相匹配，这样居民在用脚投票机制的作用下流动到能够满足自身偏好的辖区。公众的需求和偏好十分重要，公众被看作是一个恒温器，当政策温度偏离公众偏好时，公众便会发出调整政策的信号。[①②] 另外，中间选民理论提供了一个集体决策的模型，在该模型中，将投票者个体的需求进行集合，就形成了集体的偏好。地方政府为了吸引人口流动到本地，会关注地方居民的偏好，随着地区间的财税竞争越来越激烈，民众需要政府增加更多的社会保障支出以抵御可能存在的外在风险。[③④] 因此，目前我国地方政策的发展导向是扭转“唯 GDP”的发展路径，不断满足人民群众的美好生活需要和各种民生诉求。

7.1.3　发挥公共服务外溢效应，建立健全地方政府间竞合机制

财政竞争是在极端情况下，分权体系中的成员各自独立地行动，没有任何合作的行为，而协调是促使某种形式的合作发生的重

① Soroka S N，Wlezien C. Opinion–policy dynamics：public preferences and public expenditure in the United Kingdom［J］. British Journal of Political Science，2005，35（4）：665-689.

② Wlezien C.The public as thermostat：dynamics of preferences for spending［J］. American Journal of Political Science，1995，39（4）：981-1000.

③ Tanzi V，Schuknecht L. Public spending in the 20th century：a global perspective［M］. Cambridge：Cambridge University Press，2000.

④ Rodrik D. Why do more open economies have bigger governments？［J］. Journal of political economy，1998，106（5）：997-1032.

要推动力，这可能会形成从某种表征意义上的合作到完全的一体化两个极端的连续统一体。① 地方政府之间的竞合是指地方政府之间不仅存在竞争关系，也存在合作的可能，对地方政府更为有利的选择显然不是对抗竞争，而是合作竞争。② 因此，从长远可持续发展的视角来看，地方政府间的合作式竞争将会是未来的重要发展选择。

由于基本公共服务具有较强的正外部性以及存在较强的空间外溢效应，因此加强基本公共服务空间外溢下的区域供给合作，具有非常重要的现实意义。

一方面，可以考虑构建与“飞地经济”相类似的公共服务地区协同发展的模式，即“飞地服务”，利用“互联网+”带来的信息优势等有效实现基本公共服务资源的共享与流动，提高公共服务设施的利用率。

另一方面，在现有的基本公共服务领域，如医疗卫生服务领域，选取部分地区试点“医联体”的创新实践，这是纵向层次上的医疗资源流动。还可考虑试点探索横向层次上的基本公共服务资源流动，构建跨越行政隶属关系的新型基本公共服务保障体系和模式，从而整合现有的基本公共服务资源，包括教育领域的师资、医疗卫生领域的卫生技术人员以及相应领域的设备等，以最大限度地提高基本公共服务资源的利用效率。

① Ferreira S G，Varsano R，Afonso J R. Inter-jurisdictional fiscal competition：a review of the literature and policy recommendations [J]. Brazilian Journal of Political Economy，2005，25（3）：295-313.

② 邓秀萍，刘峻．从竞争走向竞合：中国地方政府竞争问题研究 [J]．人文杂志，2007（4）：76-80.

由于基本公共服务具有一定的正外部性，所以可能要涉及横向地方政府间转移支付制度的完善，从而确保资源配置的公平性与适恰性。具体来说，要清理并规范现有的专项转移支付项目，落实专项转移支付定期评估和退出机制，健全一般转移支付监督机制，探索跨区域公共服务合作供给中的横向转移支付机制。

7.2　增强支出竞争的公共服务效应

强化省级政府之间的支出竞争对基本公共服务质量的作用机制，不断增强地方政府之间的支出竞争对基本公共服务质量的直接和间接促进效应。

7.2.1　优化地方政府财政支出结构

财政在国家治理体系中占有非常重要的地位，财政资源的配置涉及诸多利益主体。一方面，资源总是有限的，而一项政策往往被寄予厚望、被赋予了各种目标。那么在多元目标的导向下，衡量财政支出资源配置是否有效，就不能只看经济增长等单一指标。如何兼顾效率问题与公平问题需要不断摸索与试错，财政支出结构的优化应与地方政府的职能转变相呼应。另一方面，部门之间的协同性表明，财政资源投入到不同的发展领域，会对其他领域产生意料之外的效果。因此，如何完善财政支出资源的配置结构对于基本公共服务质量的提升至关重要。

财政支出结构下的偏好形成。一方面，政府政策的走向会反映在财政支出安排上。在不同的发展阶段，由于面临的形势和情境不同，针对发展难题所制定的政策体系便会有很大差别，各领域各类型的政策会形成不同的搭配和组合，由此形成各具特色的公共政策格局。任何一项政策的实施都需要财政资金的支持，而资源是有限的，任何领域的资金增加都可能导致其他领域可获得的资金份额的减少，因此不同的施政重点反映在财政支出结构上便会形成不同的财政支出偏好。另一方面，财政支出本身作为一项预算政策，在政策的制定、实施和评估过程中涉及多个部门、多个利益主体、多个领域，与资源禀赋、制度背景等因素密切相关，因此在不同的节点组合下会形成不同的财政支出格局。

另外，由于基本公共服务存在正外部性，所以也有利于其他领域质量的提升，形成基本公共服务内部的系统性。一般意义上，某项政策的制定和出台会有明确的目标和政策指向，但是社会各领域系统的关联性决定了财政支出和各领域公共服务产出之间并非单一的指向关系，即某项财政支出除了作用于既定的公共产品或服务领域外，也有可能作用于其他公共产品或服务领域，而且从财政支出到公共服务结果的产生这一过程又存在诸多“黑箱”。

强化财政支出安排的灵活性。各个地方政府在配置财政资源时会竞相模仿，从而使财政支出出现“结构趋同”，这种趋同性会随着政治锦标赛的升级而一直处于锁定状态。这种锁定状态反映了预算的刚性。[①]Mattina 和 Gunnarsson 阐述了斯洛文尼亚预算刚性与支出效

① 郑尚植. 标尺竞争、地方官员自利行为与财政支出结构偏向［J］. 产经评论，2012，3（5）：119-128.

率之间的关系，发现相比其他 EU 成员国，斯洛文尼亚支出总量大却没有取得相应的高效产出，财政支出趋向于投入到那些不可随意支配的项目上。[①] 因此，需要更大的自由裁量空间来调整支出，在低效的支出领域关注中期支出的合理化，而不是依靠削减最灵活的支出类别。财政支出效率的提高需要克服预算安排、支出结构中存在的刚性，如果预算存在刚性，既有预算的资源配置低效问题将不能得到矫正。因此，财政资源的优化配置需要增强一定的灵活性，将资源从效率低的领域转移到效率高的领域，从而实现财政资金使用的高效。现行的零基预算改革有助于财政信息的进一步公开，推动财政资金的优化调控。

增强财政支出的针对性。在全国主体功能区规划的框架下，我国依据各地区不同的总体战略来确定其发展模式，在财政资金配置上也根据其不同的功能定位进行有针对性的重点配置，实行差别化的政绩考核体系，由此将激励省级政府官员转变追求数量型增长的传统理念，根据本地区资源禀赋的比较优势和辖区居民的偏好提供更趋优化和精准的公共环境和服务。但是在基本公共服务领域要积极推进均等化的实现，要在满足民众基本生存和发展需求的前提下优化财政资源的配置。

保障基本公共服务的财政资金支持，扭转政府长期以来依赖扩大投资实现经济增长的发展思路。加大对基本公共服务的投入力度，建立与经济社会发展水平相适应、与财政政策相衔接的财政投入稳

① Mattina T D，Gunnarsson V. Budget rigidity and expenditure efficiency in Slovenia [M] . International Monetary Fund，2007.

步增长机制。但也要清楚地认识到，不断增加基本公共服务领域的资金投入，扭转生产建设型财政的发展方向，并不意味着生产建设型支出就不再配置了，调整财政支出结构绝不是公共财政建设的实质所在。① 因为财政资源配置的调整虽然能够化解一定的公共风险，但是作用发挥的空间是有限的，所以绝不能将财政支出结构的调整视作解决各种社会结构性问题的“万能药”，最终还是要完善相应的制度供给。

7.2.2 提高地方政府的财政透明度

信息不对称是影响委托代理关系良性运行的关键问题。通过前文的实证研究得出，经济矩阵中本地财政透明度的改善会提高地方政府的模仿成本，不利于基本公共服务财政支出的增长。但是如果在地方政府间竞争机制健全的情况下，即地方政府之间形成基于劳动力要素流动的财政竞争以及民生绩效考核体系较为完善，那么将会扭转财政透明度与基本公共服务财政支出的负相关关系。

从信息公开约束政府行为的角度来看，当本地政府不断提高财政透明度时，民众获取财政信息的渠道变宽，所获取信息的广度和深度便会增加，那么会对政府行为形成约束力，缓解政府内部、政府与企业和民众等主体之间存在的信息不对称问题。“阳光是最好的防腐剂”，财政透明度的提高意味着政府的行为会受到更大程度的关注和监督，从而对政府的行为形成制约，以避免出现随意配置财政

① 高培勇．中国公共财政建设指标体系：定位、思路及框架构建［J］．经济理论与经济管理，2007（8）：40-46.

资源的行为，例如，不断增加行政管理支出，扩张政府规模，或者一味投资生产建设，而忽视民生方面的需求。因此，财政透明度的提高会不断督促地方政府官员关注民生，在资源配置中向民众最关心的服务领域倾斜。

根据 2017 年《中国财政透明度报告》，2015 年我国 31 个省级地方政府财政透明度的平均值只有 48.27 分（满分 100 分），当年财政透明度最高的省份是山东省（70 分），最低的省份是陕西省（27.2 分），由此说明我国地方财政信息公开工作任重而道远。

应健全政府和民众等相关主体的信息沟通与交流机制，明确基本公共服务的需求方向。建立供需均衡的信息联动和回应机制，增强供给的针对性，促进民众通过自下而上的途径表达需求信息，将个体化表达路径和组织化表达路径相结合，增强民众表达需求的意愿。

应搭建完善、有效的信息平台，建设智慧政府。公共服务与民众的日常生活息息相关，因此政府应及时、全面地公开各民生类公共服务的财政绩效信息，包括投入、产出以及效果类指标信息，并确保各类信息真实、可读。同时，加强物联网在公共部门领域中的应用，提高政府的财政透明度，这也是智慧政府建设的重要内容。

7.2.3　提升地方政府财政支出效率

在当前财政收入增长乏力、追求高质量发展的背景下，地方政府财政支出效率的提升显得尤为重要。

由于缺乏降低成本的压力，加之公共服务的产出结果不易衡量，以及缺乏有效的政绩考核机制和监督约束机制，政府会不断增加预算和人员，因此公共资源浪费现象严重，由此导致基本公共服务供给的效率较低。这表明一味地增加支出并不能有效解决基本公共服务发展不充分、不均衡的难题。现有关于政府间竞争对基本公共服务影响的研究中，一般将财政投入作为基本公共服务供给水平的代理变量，隐含的假设就是财政投入越高，基本公共服务供给水平越高，但实际上还涉及财政投入产出效率的高低问题。

在下一步的改革中，需要将预算管理与绩效管理深度结合，提高基本公共服务支出的管理水平和使用效益，完善预算管理体制。为了提高基本公共服务的供给效率，最大化财政资金的使用效益，需要继续完善预算执行进度与预算安排挂钩制度，强化财政支出的监管，推行从预算编制到执行完成的全过程绩效评价，加强日常审计和监察监督工作。同时将基本公共服务质量高低作为地方官员政绩考核的重要内容，在此基础上进一步健全地方政府行为的激励机制，以及完善基本公共服务质量问责体系，以定性和定量指标综合衡量基本公共服务的质量，避免出现单纯基于量化指标的僵化式考核，采取有效的激励机制消除执行过程中存在的梗阻。

另外，进一步促进政府治理能力的提升，以此促进地方财政支出效率的改善。随着公民参与的发展，地方政府为了增强自身合法性，趋向于满足社会公共需要，民众对政府运作的透明、公开以及问责制的期待日益增强。公民参与、社会组织、信息沟通、电子政务技术等对地方政府公共服务供给能力的提升会更具影响力。[①] 因此，地方民主治理的发展有助于政府公共服务供给能力的增强以及财政支出效率的提升。

7.2.4　促进基本公共服务供给创新

随着政府投入的资金越来越多，公众会产生某种错觉，即政府应该提供各种各样的基本公共服务，应建立一个福利式国家。例如，公众对社会保障制度的期望越来越高，不仅要求持续提高养老、医保等社会保障待遇，而且要求提供免费医疗、普遍性福利，一些地方亦将福利项目作为短期政绩工程，这种现象并不罕见。[②] 在上述社会氛围中，地方政府竞争下政府主导型的基本公共服务供给模式给地方财政施加了很大的压力，在政府支出刚性增长的压力下产生了较大的财政缺口，而与此相对应的是，市场主体与社会主体的参与在基本公共服务发展过程中尚不充分。西方新公共管理运动的兴起是为了有效应对福利国家的危机，在关于政府与市场的争论中，市场化改革成为这一时期的选择。中国地方政府之间存在晋升机遇方面的竞争，引入新公共管理的精神和价值可以有效提升地方政府供给基本公共服务的效率和效果，不断提升地方政府的竞争力。

① 张开云，张兴杰，李倩．地方政府公共服务供给能力：影响因素与实现路径［J］．中国行政管理，2010（1）：92.

② 郑功成．中国社会保障改革面临四大问题与五大挑战［EB/OL］．新华网，2016-02-07.

因此，在下一步的改革中，为了弥补政府财政收支的缺口，增强财政的可持续性，应有效转变现行的政府主导式供给模式，因地制宜积极推动政府购买公共服务的落实，发挥社会力量在基本公共服务供给中的优势和作用。

推动政府购买公共服务是地方政府竞争下政策试点创新的需要。本书从政策过程的角度对地方政府之间的标尺竞争进行阐释，即地方政府之间的标尺竞争带来公共服务财政政策的扩散与模仿。从政策角度看，在我国特色化的政策过程中，“摸着石头过河”等理念深刻体现了政策过程的试点、扩散逻辑，许多创新性的政策经历了从试点到扩散的发展过程。当中央政府释放相关改革的信号之后，地方政府之间的竞争便出现了，地方可能会通过参与试点工作而获得额外的“收益”——政策试点作为一项创新型举措可以提升地方政府在上级政府眼中的形象，作为政府治理变革的亮点去宣传——因此会出现争先恐后参与的态势，由此演化为政策的模仿和扩散。

但是争先恐后的试点和创新模仿容易导致政策执行的偏差和基本公共服务领域的畸形发展，不能保证基本公共服务供给的效率和效果。在这方面比较常见的执行失效体现在三个方面。一是照搬性执行。中央发布的政策一般是原则性、指导性的，地方在落实时需要考虑当地的特殊情况，制定具体的实施细则，但部分地区在落实政策时只是将中央的政策照搬下来。二是表面化执行。地方执行者只是象征性地出台相关条例或通知，只是简单地号召，而没有实际措施，或者没有具体可行的落实机制，监督和责任追究机制也不健全，由此导致政策成为一纸空文。三是激进式执行，这是对现实产生较大影响的一种政策执行偏差。如果地方政府对基本公共服务变革在本地的适用性分析得并不充分，只是迫于政府竞争的压力去开展，那么将大量的资源投入到这一领域后容易引发严重的后果，不仅达不到预期的目标和效果，反而造成财政资源的浪费。

为了避免出现地方政府竞争下的发展同构，应重点关注政策模仿与扩散下政府购买公共服务在各地推广的适用性，明确当地的资源禀赋、民生需求以及制约政策实施的各种现实条件。

首先，应明确政府与企业、社会的角色定位：合理界定各自的权责，继续推动"政企分开、政社分开"的行政管理体制改革。政府的职责在于确定购买公共服务的范围、数量、标准，选择公共服务承办方（出售方），监督公共服务生产过程，评估公共服务的效果。[①] 企业及社会组织的核心职责在于积极参与政府公共服务的购买，以较高的绩效生产契合公民需求和政府要求的公共产品和服务。

其次，应明确不同层级政府的角色定位：明确政府购买的责任主体，充分厘清市级政府和区县级政府的责任分工。其中：市级政府部门主要负责对公共服务供给进行宏观指导和政绩考核，加强对区县转移支付资金的监督与评价，提高资金的绩效水平；区县级政府部门需要合理行使自身的自由裁量权，结合当地公共服务的实际需求、

① 王春婷．政府购买公共服务研究综述［J］．社会主义研究，2012（2）：141-146.

社会组织的发展水平、政府的财政供给能力等因素而采取相应的行政行为。

最后，应加强同级部门之间的协调，明确社工委、民政局等各部门的职责，以减少或消除部门之间推诿扯皮的现象，从而发挥系统的规模效应。通过将合作部门的绩效纳入本部门的行政考核中，能够促进部门之间的相互合作，共同实现政策目标。

7.3 优化公共服务供给的制度环境

在全面深化改革的顶层设计框架下，只有坚持新的发展理念，增强地方政府行为变革的关联性和协同性，完善相关配套的制度体系，统筹推进，才能不断消解改革过程中存在的较大阻力。

7.3.1 建立现代财政制度，构建公共服务型财政治理体系

根据政府职能的转变推动财政转型，强化财政治理理念，促进公共服务供给方式多元化。财政的目标并不是单纯地为经济增长服务，应超越现有的经济解释，围绕治理的概念致力于国家治理体系的完善和治理能力的提升，建立健全现代财政制度。

构建财政治理体系，要将治理的理念贯穿于财政政策的过程中，统筹考虑中央政府与地方政府之间、地方政府之间、政府与社会和市场之间的关系，实现多主体参与的协同治理。要通过处理好这些主体在基本公共服务供给过程中的关系，从而有效保障基本公共服

务质量的提升。

明晰地方政府在基本公共服务领域所扮演的角色，防范泛福利化和完全市场化倾向。消除观念上存在的误区，过分夸大市场机制或者政府干预作用的认识都是不符合实际的，需要明晰二者的边界，如果不能实现二者之间的较好契合、明确分工，那么经济、社会的充分均衡发展便很难实现。对于基本公共服务质量应达到什么水平或者程度，需要根据当前的经济社会发展水平量力而行。

推动财政民主化进程，引导公民参与预算过程，增强财政信息透明度，建立基本公共服务供需均衡的信息联动和回应机制，增强供给的针对性，促进民众通过自下而上的途径传递需求信息，将个体化利益表达和组织化利益表达渠道相结合，增强民众需求表达的意愿。另外，需要加快推进财政法治化进程，健全财政运行的监督问责机制，治理财政腐败。

7.3.2　完善财政分权制度，增强事权与支出责任的匹配性

应通过财政分权制度的完善来实现地区基本公共服务供给效率的提高，通过政府间竞争机制的健全来实现地区基本公共服务质量的提升。要以政府职能为依据，明确事权划分和财政支出责任，使供给职责明晰化，更好地实现财政资源配置的职能。地方政府在较强的财力支持下，通过发挥其了解基层民众偏好的优势以及地方政府间的基本公共服务供给竞争来实现财政分权积极效应的最大化。纵向层面应健全自上而下的需求调查机制和自下而上的需求表达机

制，横向层面应促进同级地方政府之间的相互借鉴，从而保障民众与地方政府之间关于供给与需求偏好信息的传递。在财政分权的制度框架中，为了不断增加自有的财政收入，少数地方政府依然采取过度追求经济增长的发展模式。下一步需要实现地方经济可持续发展与基本公共服务质量提升二者之间的相互促进，提高基本公共服务质量水平在地方政府之间竞争中的权重，设计完善的指标体系，有效地进行竞争力评估。

2018 年 1 月，国务院办公厅印发《基本公共服务领域中央与地方共同财政事权和支出责任划分改革方案》。地方政府应加快该政策的落实，缓解以往出现的垂直财政不均衡的难题，同时进一步推动改革省以下财政管理体制，通过不断试点创新，总结经验并适时推广和扩散。

如果地方之间的财力均等化，那么标尺竞争机制的运行将会更有效，能够避免出现标尺竞争的有偏结果。财政竞争与外部性的存在息息相关，这种外部性产生于特定辖区的行为对其他辖区居民的影响，也与地方政府的税收和支出决策并没有将这种外部性考虑在内息息相关。因此，转移支付作为一项政策工具，成为均衡地方间财力、化解外部性的重要选择。在实践过程中，需要促进财政转移支付制度的规范化和法治化，落实专项转移支付定期评估和退出机制，完善一般转移支付的评估反馈政策，探索跨区域治理中的横向转移支付机制。要在兼顾效率和公平的情况下促进基本公共服务质量的不断提升，助力解决社会发展中存在的不充分、不均衡的问题。

7.3.3 逐步改革户籍制度，推动劳动力流动下的财政竞争

蒂布特模型中所涉及的是基于要素流动的财政竞争，而单纯资本要素流动下的财政竞争容易造成财政支出结构的扭曲，使其偏向生产建设型支出，因此促进劳动力要素自由流动下的财政竞争便是下一步改革的重点方向，从而促使地方政府提供有利于劳动力的公共服务支出。但是，中国人口流动最主要的制度障碍便是户籍制度，在户籍管控下形成了群体间基本公共服务消费壁垒。近年来，中国人口流动加快，东部经济发达省份通常是人口流入地，地方政府为了吸引和留住人才需要提供完善的公共服务和配套设施。

因此，户籍管控制度的改革重点在于将户籍与公共服务二者进行剥离，使人们无论是否拥有当地的户籍，都能充分、公平地享受公共服务。[①] 在全面深化改革的顶层设计框架下，基于要素流动视角的财政竞争机制的运行需要与现有户籍管控制度的变革联动，这样才能够有效发挥作用。只有户籍与背后附着的公共福利二者之间逐渐剥离，不断缩小户籍身份制度下的公共服务消费差距，才会为劳动力要素的自由流动提供契机，用脚投票机制的重要前提假定才得以满足。

在用脚投票的压力下，地方政府要实现“为增长而竞争”到

---

① 宋扬．新型城镇化背景下户籍制度改革的难点与思路分析［J］．人文杂志，2014（10）：28-30.

“为发展而竞争”的转变。户籍制度的改革能够增强蒂布特模型在中国制度环境下的适用性。随着民众对公共服务的需求日益旺盛，地方政府通过采取竞争行为，不断提升基本公共服务质量，从而吸引优秀人才前来发展。但是户籍制度改革并不是一蹴而就的，而且不可避免地会触及部分人的切身利益。为了实现社会的稳步变革，应对户籍制度背后的基本公共服务准入制度进行渐进性变革，对不同类型城市的户籍进行有序开放，争取形成新型户籍制度，让非户籍人口能够逐步享受到基本公共服务，使民生类基本公共服务在城乡之间逐步实现并轨和对接。

在户籍制度改革的推动下，如果劳动力可以实现自由流动，那么劳动力便会比较不同地方政府的基本公共服务供给水平，从而做出迁移与否的选择。地方政府为了留住劳动力要素以确保经济的可持续发展，便会调整财政支出资源的配置，不断提升基本公共服务质量，从以往注重经济速度转为注重经济质量，实现“为增长而竞争”到“为发展而竞争”的转变。

第 8 章　研究结论与展望

8.1　研究结论

为了解决我国社会发展中存在的不平衡、不充分的难题，促进基本公共服务供给优化，构建服务型政府是重要选择。但强调政府的基本责任，并不意味着主张回归到过去那种大包大揽的局面。本书的研究对象是民生类基本公共服务，地方政府相比中央政府在公共服务供给方面更具信息优势，而财政是政府职能履行的重要表现形式，财政资源的配置直接影响基本公共服务的质量，因此本书关注地方政府财政支出政策的策略互动对基本公共服务质量的影响。

本书试图以政治集权体制下建设民生财政为出发点分析地方财政行为与基本公共服务供给之间的关系。具体分析路径为：以地方政府间支出竞争行为为切入点，基于标尺竞争的视角对地方政府之间基本公共服务支出策略互补的模仿性竞争行为进行解释，而地方政府间支出竞争又通过直接的投入效应、规范效应以及间接的促进效率提升和推动供给创新等效应对基本公共服务质量产生影响，如果呈现积极效应，那么便会进一步增强地方财政的民生属性，实现财政公共性的回归。

本书利用变异系数法和跨年度聚类分析法对基本公共服务财政支出的演变进行描述性分析，得到省级基本公共服务财政支出在聚合性和同质性方面的双重信息。从整体趋势上看，省级政府人均基本公共服务财政支出呈收敛趋势，聚类集中度方面呈上升趋势，这就意味着我国省级基本公共服务财政支出从分散化、异质性较强转变为聚合化、同质性较强，说明地方政府间可能存在支出政策方面的财政竞争行为。

本书通过空间杜宾模型对地方政府之间是否存在自上而下方向的标尺竞争进行解释性分析。在服务型政府的建设过程中，中央政府作为委托人，在信息外溢的情况下，对代理人即地方政府的行为进行评价的方式是以其他省份的财政政策信息作为标尺。地方政府为了增加晋升的机会，在基本公共服务支出政策上趋向于采取策略互补的相互模仿行为，从而产生地方政府间的支出标尺竞争。本书进一步开展了标尺竞争效应的验证分析，将地方政府的财政透明度作为解释变量纳入模型中，实证分析结果表明：省级政府支出政策空间策略互动的反应系数显著为正，当地理位置邻近地区和经济发展相似地区的基本公共服务财政支出人均值增长 1% 时，该地区基本公共服务财政支出人均值将分别增长 0.7329%、0.6919%；当邻近地区的财政透明度较高时，该地区倾向于增加基本公共服务财政支出。结论表明地方政府在基本公共服务财政支出方面存在基于信息外溢角度的标尺竞争。

本书通过地理加权回归模型对地方政府间支出竞争对基本公共服务质量的影响进行空间异质性分析，实证结果显示，2007 年省级地方政府间支出竞争对基本公共服务质量的影响系数均为正值，在空间分异层面整体表现为西部地区支出竞争对基本公共服务质量的影响要比东部、中部地区更大一些。这可能是因为在标尺竞争的初期，一是竞争的直接效应在西部地区表现得更为强烈，二是标尺式支出盲目扩张导致间接效应尚未显现，还有可能带来一定的效率损失。2016 年从整体上表现为省级政府间支出竞争对基本公共服务质量的正向影响显著增强，说明支出竞争的间接效应已经发挥作用，但是空间差异不大，地方政府间的支出竞争每增长 1%，基本公共服务质量将会同向提升 1.8% 左右。总体来说，地方政府间支出竞争对基本公共服务质量正向影响的大小整体上由西向东递减，但随着地方政府对民生的逐渐重视，区域间支出竞争的公共服务效应差距在缩小。本书还加入了财政分权和支出竞争的交互项，实证结果表明：2007 年，中东部地区交互项的回归系数为负值，这是因为财政分权下的经济增长激励有可能改变了标尺竞争的方向，即出现趋底竞争，而西部地区为获得更多的转移支付，仍表现为标尺趋好竞争，所以交互项的回归系数为正值；2016 年，交互项与基本公共服务质量整体呈现正相关，但是空间差异不大，说明随着服务型政府的建设、税收竞争向支出竞争的转变，交互项对基本公共服务质量发挥了促进作用。

地方财政支出竞争行为有利于基本公共服务质量的提升，对于民生财政体系的建设以及回归财政公共性具有积极作用。那么在下一步的改革中，为了提高基本公共服务质量，进而推动我国基本公共服务均等化的实现，根据上述实证分析结果，可以采取以下措施。一方面，我国需要进一步健全地方政府间的标尺竞争机制，实现基于晋升考核的自上而下的标尺竞争与基于要素流动的自下而上的标尺竞争的融合，建立健全地方政府间的竞争与合作机制；另一方面，我国地方政府需要增强支出竞争的公共服务效应，为此，应优化地方财政支出结构、增强地方财政透明度、进一步提高财政支出效率和促进基本公共服务供给创新。另外，在全面深化改革的顶层设计框架下，需要对公共财政体系进行深入改革和整体重塑，根据政府职能转变的要求深化财税体制改革，建立现代财政制度，增强地方政府的财政能力，落实中央政府关于基本公共服务领域事权与支出责任划分的决定，逐步改革户籍制度。

8.2 存在不足与研究展望

第一，对基本公共服务质量的研究在理论基础和实证分析方面需要进一步深化。在理论基础层面，本书从质量管理理论出发对基本公共服务质量进行研究，理论基础比较单一，对质量内涵的界定偏重竞争与绩效，未来的研究可以在管理学之外，从社会学、公共政策学、政治学等学科的角度展开，从而拓宽基本公共服务质量研究的视野。在实证分析层面，本书对基本公共服务质量的测度采取的是熵值法。虽然是客观赋权，避免了人为因素的干扰，但也存在一定的局限性，如无法实现数据的降维，下一步应采取更为多元化的方法进行拓展研究。

第二，对地方政府间支出竞争的刻画需要进一步完善。首先是本书对民生类基本公共服务财政支出进行了总体分析，缺乏对基本公共服务各领域财政支出的研究；其次是本书所使用的财政透明度数据不能够完全刻画地方政府与中央政府、民众之间的信息对称情况，该变量也尚未成为一个硬性的考核指标，没有形成广泛的社会舆论影响，因此财政透明度作为信息外溢的代理变量存在一定的局限性。

第三，基本公共服务均等化是解决当前我国社会主要矛盾的重要路径，因此下一步研究中将关注地方政府间支出竞争对基本公共服务质量均等化的影响，具体可分为对区域间、城乡间基本公共服务质量差距的影响。

参考文献

[1] Allers M A. Yardstick competition, fiscal disparities, and equalization[J]. Economics Letters, 2012, 117 (1): 4-6.

[2] Annala C N. Have state and local fiscal policies become more alike? Evidence of beta convergence among fiscal policy variables [J]. Public Finance Review, 2003, 31 (2): 144-165.

[3] Besley T, Case A. Incumbent behavior: vote-seeking, tax-setting, and yardstick competition [J]. American Economic Review, 1995, 85 (1): 25-45.

[4] Besley T J, Smart M. Does tax competition raise voter welfare? [J]. CEPR Discussion Papers, 2002.

[5] Borck R, Caliendo M, Steiner V. Fiscal competition and the composition of public spending: theory and evidence [J]. FinanzArchiv: Public Finance Analysis, 2007, 63 (2): 264-277.

[6] Borck R. Fiscal competition, capital-skill complementarity, and the composition of public spending [J]. FinanzArchiv: Public Finance Analysis, 2005, 61 (4): 488-499.

[7] Bordignon M，Cerniglia F，Revelli F.Yardstick competition in intergovernmental relationships：theory and empirical predictions [J]. Economics Letters，2004，83（3）：325–333.

[8] Brasington D M. Public–and private–school competition：the spatial education production function [M] // Asada T，Ishikawa T.Time and Space in Economics. Tokyo：Springer，2007：175–203.

[9] Breton A. Competitive governments：an economic theory of politics and public finance [M]. Cambridge：Cambridge University Press，1998.

[10] Brown K，Coulter P B. Subjective and objective measures of police service delivery [J]. Public Administration Review，1983，43（1）：50–58.

[11] Brueckner J K. Strategic interaction among governments：an overview of empirical studies [J]. International Regional Science Review，2003，26（2）：175–188.

[12] Brueckner J K. Welfare reform and the race to the bottom：theory and evidence [J]. Southern Economic Journal，2000，66（3）：505–525.

[13] Brülhart M，Jametti M. Does tax competition tame the Leviathan？[J]. CEPR Discussion Papers，2007.

[14] Brunsdon C，Fotheringham A S，Charlton M E. Geographically weighted regression：a method for exploring spatial nonstationarity [J]. Geographical Analysis，1996（4）：281–298.

[15] Bulow J, Geanakoplos J, Klemperer P. Holding idle capacity to deter entry [J]. Economic Journal, 1985, 95 (377): 178-182.

[16] Cai Hongbin, Treisman D.Does competition for capital discipline governments? Decentralization, globalization and public policy [J]. American Economic Review, 2004, 95 (3): 817-830.

[17] Caldeira E. Yardstick competition in a federation: theory and evidence from China [J]. China Economic Review, 2012, 23 (4): 878-897.

[18] Canegrati E. Political bad reputation [J]. MPRA Paper, 2006.

[19] Case A C, Rosen H S, Hines Jr J R. Budget spillovers and fiscal policy interdependence: evidence from the states [J]. Journal of public economics, 1993, 52 (3): 285-307.

[20] Courty P, Marschke G. Benchmarking performance [J]. Public Finance & Management, 2004, 4 (3): 288-316.

[21] Dowding K, John P, Biggs S. Tiebout: a survey of the empirical literature [J]. Urban studies, 1994, 31 (4/5): 767-797.

[22] Epple D, Zelenitz A. The implications of competition among jurisdictions: does Tiebout need politics? [J]. Journal of Political Economy, 1981, 89 (6): 1197-1217.

[23] Ferreira S G, Varsano R, Afonso J R. Inter-jurisdictional fiscal competition: a review of the literature and policy recommendations [J]. Brazilian Journal of Political Economy, 2005, 25 (3): 295-313.

[24] Fiva J H, Rattsø J. Welfare competition in Norway: norms and expenditures [J]. European Journal of Political Economy, 2006, 22 (1): 202–222.

[25] Gemmell N, Kneller R. Fiscal policy, growth and convergence in Europe [J]. European Economy Group Working Papers, 2002.

[26] Grubb W N. The dynamic implications of the Tiebout model: the changing composition of Boston communities, 1960–1970 [J]. Public Finance Quarterly, 1982, 10 (1): 17–38.

[27] Hayes K J, Razzolini L, Ross L B. Bureaucratic choice and nonoptimal provision of public goods: theory and evidence [J]. Public Choice, 1998 (1): 1–20.

[28] Heikkila E J. Are municipalities Tieboutian clubs ? [J]. Regional Science and Urban Economics, 1996, 26 (2): 203–226.

[29] Hong J Y. How natural resources affect authoritarian leaders' provision of public services: evidence from China [J]. The Journal of Politics, 2018, 80 (1): 178–194.

[30] Keen M, Marchand M. Fiscal competition and the pattern of public spending [J]. Journal of Public Economics, 1997, 66 (1): 33–53.

[31] Kelly J M, Swindell D. A multiple-indicator approach to municipal service evaluation: correlating performance measurement and citizen satisfaction across jurisdictions [J]. Public Administration Review, 2002, 62 (5): 610–621.

[32] LeSage J, Pace R K.Introduction to spatial econometrics[M]. New York: Chapman and Hall/CRC, 2009.

[33] Lin Shuanglin, Tong S Y. Reforming China's public finances to sustain growth[J]. East Asian Policy, 2014, 6(2): 71-85.

[34] Manski C F. Identification of endogenous social effects: the reflection problem[J]. The Review of Economic Studies, 1993, 60(3): 531-542.

[35] Matsumoto M. A note on the composition of public expenditure under capital tax competition[J]. International Tax and Public Finance, 2000, 7(6): 691-697.

[36] Mattina T D, Gunnarsson V. Budget rigidity and expenditure efficiency in Slovenia[M]. International Monetary Fund, 2007.

[37] Parasuraman A, Zeithaml V A, Berry L L. SERVQUAL: a multiple-item scale for measuring consumer perceptions of service quality[J]. Journal of Retailing, 1988, 64(1): 12.

[38] Park A, Rozelle S, Wong C, et al. Distributional consequences of reforming local public finance in China[J]. The China Quarterly, 1996(147): 751-778.

[39] Parks R B. Linking objective and subjective measures of performance[J]. Public Administration Review, 1984, 44(2): 118-127.

[40] Pieretti P, Zanaj S. On tax competition, public goods provision and jurisdictions'size[J]. Journal of international economics, 2011, 84(1): 124-130.

[41] Qian Yingyi, Weingast B R. China's transition to markets: market-preserving federalism, Chinese style [J]. Journal of Policy Reform, 1996, 1 (2): 149–185.

[42] Reinhold R.Texas considers taxes of schools [N]. New York Times, 1984–04–17.

[43] Revelli F, Tovmo P. Revealed yardstick competition: local government efficiency patterns in Norway [J]. Journal of Urban Economics, 2007, 62 (1): 121–134.

[44] Revelli F. Performance rating and yardstick competition in social service provision [J]. Journal of Public Economics, 2006, 90 (3): 459–475.

[45] Rincke J. Yardstick competition and public sector innovation [J]. International Tax and Public Finance, 2009, 16 (3): 337.

[46] Rodrik D. Why do more open economies have bigger governments ? [J]. Journal of Political Economy, 1998, 106 (5): 997–1032.

[47] Saavedra L A. A model of welfare competition with evidence from AFDC [J]. Journal of Urban Economics, 2000, 47 (2): 248–279.

[48] Schwab R M, Oates W E. Community composition and the provision of local public goods: a normative analysis [J]. Journal of Public Economics, 1991, 44 (2): 217–237.

[49] Shleifer A. A theory of yardstick competition [J]. The RAND Journal of Economics, 1985, 16 (3): 319–327.

[50] Soroka S N, Wlezien C. Opinion-policy dynamics: public preferences and public expenditure in the United Kingdom [J]. British Journal of Political Science, 2005, 35 (4): 665-689.

[51] Stiglitz J E, Dasgupta P. Differential taxation, public goods and economic efficiency [J]. Review of Economic Studies, 1971, 38 (114): 151-174.

[52] Stipak B. Citizen satisfaction with urban services: potential misuse as a performance indicator [J]. Public Administration Review, 1979, 39 (1): 46-52.

[53] Tanzi V, Schuknecht L. Public spending in the 20th century: a global perspective [M]. Cambridge: Cambridge University Press, 2000.

[54] Tiebout C M. A pure theory of local expenditures [J]. Journal of Political Economy, 1956, 64 (5): 416-424.

[55] Turnbull G K, Djoundourian S S. The median voter hypothesis: evidence from general-purpose local governments [J]. Public Choice, 1994, 81 (3): 223-240.

[56] Urquiola M. Demand matters: school district concentration, composition, and educational expenditure [R]. University of California, Berkeley, Center for Labor Economics Working Paper, 2000, No.14.

[57] Wildasin D E. Nash equilibria in models of fiscal competition [J]. Journal of Public Economics, 1988, 35 (2): 229-240.

[58] Wilson J D, Gordon R H. Expenditure competition [J]. Journal of Public Economic Theory, 2003, 5 (2): 399–417.

[59] Wlezien C. The public as thermostat: dynamics of preferences for spending [J]. American Journal of Political Science, 1995, 39 (4): 981–1000.

[60] Zhang Xiaobo, Fan Shenggen, Zhang Linxiu, et al.Local governance and public goods provision in rural China [J]. Journal of Public Economics, 2004 (88): 2857–2871.

[61] Zhuravskaya E.Incentives to provide local public goods: fiscal federalism, russian style [J]. Journal of Public Economics, 2000 (76): 337–368.

[62] 包兴荣. 社会公正话语下的城乡社会性公共服务统筹刍议 [J]. 四川行政学院学报，2006 (3): 70–73.

[63] 陈昌盛，蔡跃洲. 中国政府公共服务：体制变迁与地区综合评估 [M]. 北京：中国社会科学出版社，2007.

[64] 陈刚，赖小琼. 我国省际基础公共服务供给绩效分析：基于以产出为导向的三阶段 DEA 模型 [J]. 经济科学，2015 (3): 55–66.

[65] 陈海威. 中国基本公共服务体系研究 [J]. 科学社会主义，2007 (3): 98–100.

[66] 陈晶璞，闫丽莎. 基本公共服务财政支出绩效评价体系研究 [J]. 燕山大学学报（哲学社会科学版），2011, 12 (3): 110–113.

[67] 陈振明，李德国. 基本公共服务的均等化与有效供给：基于福

建省的思考［J］. 中国行政理，2011（1）：47–52.

［68］陈振明，刘祺，蔡辉明，等 . 公共服务绩效评价的指标体系建构与应用分析：基于厦门市的实证研究［J］. 理论探讨，2009（5）：130–134.

［69］邓秀萍，刘峻 . 从竞争走向竞合：中国地方政府竞争问题研究［J］. 人文杂志，2007（4）：76–80.

［70］丁刚，翁萍萍 . 省域生态文明建设存在标尺竞争效应吗？［J］. 西北工业大学学报（社会科学版），2017，37（1）：1–9.

［71］丁辉侠 . 财政分权、制度安排与公共服务供给：基于中国省级面板数据的实证分析［J］. 当代经济科学，2012（5）：105–111.

［72］丁元竹 . 界定基本公共服务及其绩效［J］. 国家行政学院学报，2009（2）：18–21.

［73］豆建民，刘欣 . 中国区域基本公共服务水平的收敛性及其影响因素分析［J］. 财经研究，2011，37（10）：37–47.

［74］杜妍冬，刘一伟 . 中国省级政府间社会保障财政支出的空间竞争：基于 2004—2013 年省级面板数据［J］. 华东理工大学学报（社会科学版），2016，31（3）：115–123.

［75］段龙龙，董雯 . 中国式税收分权、财政透明度与地方民生性支出［J］. 商业研究，2016（9）：71–77.

［76］冯力沛 . 省级财政支出结构对城乡居民收入之比的影响：基于财政透明的视角［J］. 税收经济研究，2015，20（1）：77–84.

［77］傅勇，张晏 . 中国式分权与财政支出结构偏向：为增长而竞争

的代价［J］. 管理世界，2007（3）：4–12，22.
［78］傅勇 . 中国式分权、地方财政模式与公共物品供给：理论与实证研究［D］. 上海：复旦大学，2007.
［79］高琳 . 分权与民生：财政自主权影响公共服务满意度的经验研究［J］. 经济研究，2012（7）：86–98.
［80］高培勇 . 中国公共财政建设指标体系：定位、思路及框架构建［J］. 经济理论与经济管理，2007（8）：40–46.
［81］管永昊，贺伊琦 . 中国地方财政“同质性”问题研究［J］. 当代经济研究，2013（6）：62–67.
［82］郭红玲，李建振，宋长善 . 基于财政支出结构偏离模型的省级政府财政支出结构评价［J］. 地方财政研究，2014（12）：28–32，36.
［83］郭庆旺，贾俊雪 . 地方政府间策略互动行为、财政支出竞争与地区经济增长［J］. 管理世界，2009（10）：17–27，187.
［84］郭玉清，姜磊，李永宁 . 空间外部性视角下的地方政府支出策略互动模式［J］. 经济地理，2012，32（5）：30–36.
［85］何艳玲，汪广龙，陈时国 . 中国城市政府支出政治分析［J］. 中国社会科学，2014（7）：87–106，206.
［86］胡鞍钢，魏星，张宁 . 中国多维不平等与公共财政体系构建［C］. 政府转型与社会再分配论文集，2005.
［87］胡税根，徐元帅 . 中国政府公共服务标准化建设的价值研究［J］. 甘肃行政学院学报，2009（5）：47–52，22，126.
［88］黄宸，李玲 . 省域内区县政府间中职教育财政支出的相互影响

研究：基于“标尺竞争”的视角［J］. 教育与经济，2017（1）：34–39.
［89］贾康，梁季，张立承 .“民生财政”论析［J］. 中共中央党校学报，2011，15（2）：5–13.
［90］贾康 . 促进经济发展方式转变的公共财政建设与改革：“十二五”公共财政前瞻［J］. 中共中央党校学报，2010，14（3）：5–10.
［91］贾智莲，卢洪友 . 财政分权与教育及民生类公共品供给的有效性：基于中国省级面板数据的实证分析［J］. 数量经济技术经济研究，2010，27（6）：139–150，161.
［92］解垩，王晓峰 . 财政支出的相互作用：空间面板数据模型分析［J］. 山东经济，2009，25（3）：102–107.
［93］金兴华 . 地方政府职能转变与财政运行机制再造［J］. 地方财政研究，2008（11）：46–49.
［94］柯善咨，尹靖华 . 民生目标下政府的支出竞争和福利效应［J］. 统计研究，2016，33（7）：11–18.
［95］匡小平，杨得前 . 基于因子分析与聚类分析的中国地方财政支出结构的实证研究［J］. 中国行政管理，2013（1）：105–110.
［96］乐珍 . 基于因子分析法的各省基本公共服务绩效评价［J］. 统计与决策，2012（11）：60–62.
［97］雷爱先 . 公共支出论［M］. 北京：中国财政经济出版社，2000.
［98］李翠兰，邵培德 . 包容性视角下的中国财政支出结构比较分析［J］. 广东外语外贸大学学报，2016（1）：5–13.

[99] 李丹，裴育.财政透明度对财政资金配置效率的影响研究[J].财经研究，2016，42（2）：40-49.

[100] 李敏纳，覃成林.中国社会性公共服务空间分异研究[J].人文地理，2010，25（1）：26-30.

[101] 李涛，周业安.财政分权视角下的支出竞争和中国经济增长：基于中国省级面板数据的经验研究[J].世界经济，2008（11）：3-15.

[102] 李涛，周业安.中国地方政府间支出竞争研究：基于中国省级面板数据的经验证据[J].管理世界，2009（2）：12-22.

[103] 李文军，李家深.中国财政公共服务支出的总量变化与结构演进（2001—2010）[J].中共天津市委党校学报，2012，14（4）：84-90.

[104] 李燕，王晓.国家治理视角下我国地方财政透明对财政支出效率的影响研究[J].中央财经大学学报，2016（11）：3-10.

[105] 李永友，沈坤荣.辖区间竞争、策略性财政政策与FDI增长绩效的区域特征[J].经济研究，2008（5）：58-69.

[106] 李永友.公共服务型政府建设与财政支出结构效率[J].经济社会体制比较，2011（1）：67-78.

[107] 李永友.我国财政支出结构演进及其效率[J].经济学（季刊），2010，9（1）：307-332.

[108] 梁城城，王永莉.财政透明度、财政支出分权与财政支出结构：基于省级面板数据的实证研究[J].财会月刊，2015（23）：70-74.

[109] 梁河，西宝．中国地方政府财政支出竞争行为特性与激励机制：基于市级面板数据的经验分析［J］．地方财政研究，2015（2）：35–40.

[110] 刘德吉，胡昭明，程璐，等．基本民生类公共服务省际差异的实证研究：以基础教育、卫生医疗和社会保障为例［J］．经济体制改革，2010（2）：35–41.

[111] 刘德吉．国内外公共服务均等化问题研究综述［J］．上海行政学院学报，2009，10（6）：100–108.

[112] 刘汉屏，刘锡田．地方政府竞争：分权、公共物品与制度创新［J］．改革，2003（6）：23–28.

[113] 刘明慧．公共服务型财政与社会性支出制度建构［J］．东北财经大学学报，2007（2）：45–49.

[114] 刘尚希，杨元杰，张洵．基本公共服务均等化与公共财政制度［J］．经济研究参考，2008（40）：2–9，48.

[115] 刘晓路．现代财政制度的强国性与集中性：基于荷兰和英国财政史的分析［J］．中国人民大学学报，2014，28（5）：2–10.

[116] 刘小勇，丁焕峰．邻里竞争、财政分权与政府财政支出偏向研究：基于三层分权框架的角度［J］．当代财经，2015（7）：35–44.

[117] 卢洪友，龚锋．政府竞争、“攀比效应”与预算支出受益外溢［J］．管理世界，2007（8）：12–22.

[118] 卢洪友，田丹．中国财政分权对省际基本公共卫生服务绩效的影响［J］．技术经济，2013，32（8）：100–106，129.

[119] 马慧强，韩增林，江海旭．我国基本公共服务空间差异格局与质量特征分析［J］. 经济地理，2011，31（2）：212–217.

[120] 南锐，王新民，李会欣．区域基本公共服务均等化水平的评价［J］. 财经科学，2010（12）：58–64.

[121] 彭芳梅，孙久文．财政分权、FDI 与基本公共服务供给［J］. 学习与实践，2014（3）：11–18.

[122] 彭尚平，谭雅丽，雷卫，等．成都市城乡公共服务均等化的评价指标体系研究［J］. 四川教育学院学报，2010，26（12）：34–38.

[123] 钱金保，才国伟．地方政府的税收竞争和标杆竞争：基于地市级数据的实证研究［J］. 经济学（季刊），2017，16（3）：1097–1118.

[124] 邵军．地方财政支出的空间外部效应研究［J］. 南方经济，2007（9）：3–11.

[125] 沈坤荣，付文林．税收竞争、地区博弈及其增长绩效［J］. 经济研究，2006（6）：16–26.

[126] 宋扬．新型城镇化背景下户籍制度改革的难点与思路分析［J］. 人文杂志，2014（10）：28–30.

[127] 王冰，王皓．基于聚类分析的我国财政支出结构省际比较研究［J］. 经济与管理，2014，28（3）：44–50.

[128] 王春婷．政府购买公共服务研究综述［J］. 社会主义研究，2012（2）：141–146.

[129] 王富喜，毛爱华，李赫龙，等．基于熵值法的山东省城镇化

质量测度及空间差异分析［J］. 地理科学，2013，33（11）：1323-1329.

［130］王美今，林建浩，余壮雄 . 中国地方政府财政竞争行为特性识别:“兄弟竞争”与“父子争议”是否并存?［J］. 管理世界，2010（3）：22-31.

［131］王守坤，任保平 . 中国省级政府间财政竞争效应的识别与解析：1978 ~ 2006 年［J］. 管理世界，2008（11）：32-43.

［132］王伟同 . 公共服务投入决策与产出效果的互动影响：基于 VEC 模型的经验分析［J］. 财经科学，2010（10）：56-64.

［133］王文剑，覃成林 . 地方政府行为与财政分权增长效应的地区性差异：基于经验分析的判断、假说及检验［J］. 管理世界，2008（1）：9-21.

［134］王晓玲 . 我国省区基本公共服务水平及其区域差异分析［J］. 中南财经政法大学学报，2013（3）：23-29，158-159.

［135］王永坚 . 基于因子分析的省级政府公共服务绩效评价研究［J］. 福建行政学院学报，2012（1）：12-18.

［136］魏雪君 . 公共服务供给的研究：基于地方政府竞争视角［J］. 金融经济，2016（10）：19-21.

［137］吴乐珍 . 基于因子分析法的各省基本公共服务绩效评价［J］. 统计与决策，2012（11）：60-62.

［138］吴群，李永乐 . 财政分权、地方政府竞争与土地财政［J］. 财贸经济，2010（7）：51-59.

［139］伍文中 . 财政支出竞争存在性检验：基于变异系数的分析［J］.

财经论丛，2010（5）：25-30.
［140］伍文中．政府间财政支出竞争的经济效应研究［D］．济南：山东大学，2010.
［141］伍文中．政府间财政支出竞争的人口流动效应分析［J］．统计与决策，2011（2）：132-134.
［142］席小瑾，梁劲锐，杨建飞．地方财政竞争是否提高了公共基础设施投资效率？［J］．华东经济管理，2017（12）：114-123.
［143］夏杰长．提高基本公共服务供给水平的政策思路：基于公共财政视角下的分析［J］．经济与管理，2007（1）：5-11.
［144］项继权，袁方成．我国基本公共服务均等化的财政投入与需求分析［J］．公共行政评论，2008（3）：89-123，199.
［145］项继权．基本公共服务均等化：政策目标与制度保障［J］．华中师范大学学报（人文社会科学版），2008（1）：2-9.
［146］肖建华．财政分权与社会性公共服务供给：基于省际面板数据的实证分析［J］．当代经济研究，2011（8）：83-88.
［147］肖建华．我国社会性基本公共服务财政投入效率评价：基于DEA的分析［J］．财经理论与实践，2012，33（6）：70-75，92.
［148］萧鸣政，宫经理．当前中国地方政府竞争行为分析［J］．中国行政管理，2011（2）：76-80.
［149］谢星全．基本公共服务质量：一个系统的概念与分析框架［J］．中国行政管理，2017（3）：68-72.
［150］许光建，吴岩．政府购买公共服务的实践探索及发展导向：以

北京市为例［J］. 中国行政管理，2015（9）：44–48.
［151］闫丽莎 . 基于 DEA 的基本公共服务财政支出绩效评价研究［J］. 河北经贸大学学报（综合版），2011，11（1）：79–82.
［152］杨光 . 省际间基本公共服务供给均等化绩效评价［J］. 财经问题研究，2015（1）：111–116.
［153］尹恒，徐琰超 . 地市级地区间基本建设公共支出的相互影响［J］. 经济研究，2011，46（7）：55–64.
［154］应松年，杨伟东 . 不断把政府职能转变推向深入［J］. 中国行政管理，2006（4）：9–13.
［155］张钢，牛志江，贺珊 . 地方政府公共服务质量评价体系及其应用［J］. 公安研究，2009，38（5）：31–40.
［156］张恒龙，陈宪 . 财政竞争对地方公共支出结构的影响：以中国的招商引资竞争为例［J］. 经济社会体制比较，2006（6）：57–64.
［157］张军，高远，傅勇，等 . 中国为什么拥有了良好的基础设施?［J］. 经济研究，2007（3）：4–19.
［158］张开云，张兴杰，李倩 . 地方政府公共服务供给能力：影响因素与实现路径［J］. 中国行政管理，2010（1）：92.
［159］张梁梁，杨俊，罗鉴益 . 财政分权视角下地方政府科技支出的标尺竞争：基于 265 个地级市的实证研究［J］. 当代财经，2016（4）：29–39.
［160］张辽，宋尚恒 . 政府竞争、要素流动与产业转移：基于省际面板数据的实证研究［J］. 当代财经，2014（3）：21–28.

[161] 张铭洪，侯笛，张福进.基于因子分析的地方财政支出偏离度监督[J].当代财经，2013（7）：23-32.

[162] 张锐昕，董丽.公共服务质量：特质属性和评估策略[J].北京行政学院学报，2014（6）：8-14.

[163] 张树江.我国地方政府间财政支出竞争的实证研究：基于医疗卫生支出的空间计量分析[J].经济研究参考，2015（65）：30-33.

[164] 张旭华.地方财政科技投入的策略互动与政府间竞争[J].地方财政研究，2015（5）：53-60.

[165] 张晏，夏纪军，张文瑾.自上而下的标尺竞争与中国省级政府公共支出溢出效应差异[J].浙江社会科学，2010（12）：20-26，74，125.

[166] 赵林，张宇硕，焦新颖，等.河南省基本公共服务质量空间格局与空间效应研究[J].地理科学，2016，36（10）：1495-1504.

[167] 赵勇，陈明艺.财政支出竞争演进对居民福利水平的影响分析[J].山东财政学院学报，2010（4）：67-72.

[168] 郑秉文.既为企业减负，又为群众增福：我国社会保障改革成就卓著[EB/OL].人民网，2017-10-23.

[169] 郑方辉，段静.省级“政府绩效评价”模式及比较[J].中国行政管理，2012（3）：34-38.

[170] 郑功成.中国社会保障改革面临四大问题与五大挑战[N].新华网，2016-02-07.

[171] 郑尚植.标尺竞争、地方官员自利行为与财政支出结构偏向[J].产经评论，2012，3（5）：119-128.

[172] 中国经济增长与宏观稳定课题组.增长失衡与政府责任：基于社会性支出角度的分析[J].经济研究，2006（10）：4-17.

[173] 钟晓敏.市场化改革中的地方财政竞争[J].财经研究，2004，（1）：21-30.

[174] 周黎安.中国地方官员的晋升锦标赛模式研究[J].经济研究，2007（7）：36-50.

[175] 周亚虹，宗庆庆，陈曦明.财政分权体制下地市级政府教育支出的标尺竞争[J].经济研究，2013（11）：127-140.

[176] 朱军.我国地方政府间财政支出竞争的动因分析[J].中央财经大学学报，2007（8）：6-10.

[177] 朱喜安，魏国栋.熵值法中无量纲化方法优良标准的探讨[J].统计与决策，2015（2）：12-15.

[178] 踪家峰，蔡伟贤.中国地方财政支出趋同研究[J].财贸经济，2008（7）：41-45.

[179] 踪家峰，李蕾，郑敏闽.中国地方政府间标尺竞争：基于空间计量经济学的分析[J].经济评论，2009（4）：5-12.

附　录

附录 1：基本公共服务质量测度（熵值结果）

年份	1.1- 小学生师比	1.2- 初中生师比	1.3- 小学阶段每十万人口平均在校生数	1.4- 初中阶段每十万人口平均在校生数	2.1- 卫生机构数	2.2- 每千人卫生机构床位数	2.3- 每千人卫生技术人员数	3.1- 城镇职工基本医疗保险参保数	3.2- 城镇职工基本养老保险参保数	3.3- 城镇登记失业率	3.4- 城镇社区服务设施总数
2007	0.9540	0.9426	0.9633	0.9689	0.9266	0.8939	0.9837	0.9216	0.9185	0.8781	0.8266
2008	0.9528	0.9426	0.9592	0.9683	0.9306	0.9239	0.9069	0.9182	0.9175	0.9468	0.8391
2009	0.9574	0.9485	0.9499	0.9672	0.8959	0.9206	0.9150	0.9189	0.9164	0.9160	0.8495

续表

年份	1.1- 小学生师比	1.2- 初中生师比	1.3- 小学阶段每十万人口平均在校生数	1.4- 初中阶段每十万人口平均在校生数	2.1- 卫生机构数	2.2- 每千人卫生机构床位数	2.3- 每千人卫生技术人员数	3.1- 城镇职工基本医疗保险参保数	3.2- 城镇职工基本养老保险参保数	3.3- 城镇登记失业率	3.4- 城镇社区服务设施总数
2010	0.9468	0.9599	0.9466	0.9656	0.8970	0.9326	0.9162	0.9146	0.9139	0.9149	0.8456
2011	0.9536	0.9656	0.9549	0.9631	0.9001	0.9371	0.9137	0.9132	0.9095	0.9340	0.8439
2012	0.9600	0.9682	0.9536	0.9605	0.9031	0.9735	0.9594	0.9118	0.9086	0.9314	0.8158
2013	0.9326	0.9759	0.9522	0.9579	0.9012	0.9461	0.8757	0.9109	0.9087	0.9518	0.8294
2014	0.9360	0.9697	0.9518	0.9585	0.9018	0.9428	0.9454	0.9084	0.9040	0.9570	0.8120
2015	0.9348	0.9642	0.9545	0.9615	0.9023	0.9459	0.9370	0.9078	0.9039	0.9559	0.8421
2016	0.9365	0.9628	0.9550	0.9647	0.9034	0.9344	0.9449	0.9075	0.9086	0.9293	0.8512

附录 2：基本公共服务质量测度（权重结果）

年份	1.1- 小学生师比	1.2- 初中生师比	1.3- 小学阶段每十万人口平均在校生数	1.4- 初中阶段每十万人口平均在校生数	2.1- 卫生机构数	2.2- 每千人卫生机构床位数	2.3- 每千人卫生技术人员数	3.1- 城镇职工基本医疗保险参保数	3.2- 城镇职工基本养老保险参保数	3.3- 城镇登记失业率	3.4- 城镇社区服务设施总数
2007	0.0559	0.0698	0.0446	0.0379	0.0893	0.1291	0.0198	0.0953	0.0992	0.1483	0.2109
2008	0.0595	0.0723	0.0513	0.0399	0.0874	0.0958	0.1172	0.1030	0.1039	0.0670	0.2027
2009	0.0504	0.0610	0.0593	0.0388	0.1233	0.0940	0.1006	0.0960	0.0990	0.0995	0.1781
2010	0.0628	0.0474	0.0631	0.0407	0.1217	0.0797	0.0991	0.1009	0.1017	0.1005	0.1824
2011	0.0572	0.0424	0.0556	0.0455	0.1231	0.0775	0.1064	0.1069	0.1115	0.0814	0.1924
2012	0.0531	0.0422	0.0615	0.0523	0.1285	0.0351	0.0539	0.1170	0.1212	0.0910	0.2443
2013	0.0786	0.0281	0.0557	0.0490	0.1152	0.0628	0.1450	0.1039	0.1065	0.0562	0.1989
2014	0.0788	0.0373	0.0593	0.0511	0.1209	0.0704	0.0672	0.1127	0.1181	0.0529	0.2313

续表

年份	1.1- 小学生师比	1.2- 初中生师比	1.3- 小学阶段每十万人口平均在校生数	1.4- 初中阶段每十万人口平均在校生数	2.1- 卫生机构数	2.2- 每千人卫生机构床位数	2.3- 每千人卫生技术人员数	3.1- 城镇职工基本医疗保险参保数	3.2- 城镇职工基本养老保险参保数	3.3- 城镇登记失业率	3.4- 城镇社区服务设施总数
2015	0.0826	0.0453	0.0575	0.0488	0.1236	0.0684	0.0798	0.1167	0.1216	0.0558	0.1999
2016	0.0792	0.0464	0.0562	0.0440	0.1205	0.0818	0.0687	0.1154	0.1140	0.0882	0.1856